Die Deutsche Bibliothek – CIP-Einheitsaufnahme

Ein Titeldatensatz für diese Publikation ist
bei Der Deutschen Bibliothek erhältlich.

1. Auflage 2001 / ISBN 3-7698-1296-4
© 2001 Don Bosco Verlag, München
Umschlag und Layout: Margret Russer
Konzeption und Text der Schaubilder: Petra Lachnit
Satz: undercover, Augsburg
Produktion: Don Bosco Grafischer Betrieb, Ensdorf

Gedruckt auf umweltfreundlichem Papier

Der Herausgeber **Frank Jansen** arbeitet als Referent beim
Verband Katholischer Tageseinrichtungen für Kinder (KTK) –
Bundesverband e.V. und ist Chefredakteur der pädagogischen
Fachzeitschrift „Welt des Kindes".

indertageseinrichtungen konkret Strategien für Ihren Erfolg

> **Herausgegeben von Frank Jansen**

Petra Lachnit   Don Bosco

Sicher reden – anschaulich präsentieren

> Erfolgreiche Vortrags- und Visualisierungstechniken für die Kita-Praxis

Inhalt

Vorwort	7
Einführung	8

Kapitel 1
Planung: Die Rede muss gezielt vorbereitet und klar strukturiert sein

Beginnen Sie mit einer optimalen Vorbereitung	15
Einstimmung auf die Redesituation	16
Inhaltliche Planung der Rede	19
Sorgen Sie für einen klaren Aufbau Ihres Vortrags	22
Einstieg: Ein guter Start ist entscheidend	23
Hauptteil: Der inhaltliche Teil Ihrer Rede	29
Schluss: Der letzte Eindruck bleibt	35
So erstellen Sie Ihr Stichwortkonzept	36

Kapitel 2
Rhetorik: Die Kunst, einen gelungenen Vortrag zu halten

Erweitern Sie Ihren Wortschatz	40
Trainieren Sie Ihre Ausdrucksfähigkeit	43
Rhetorische Stilmittel verwenden	43
Negatives positiv ausdrücken	45
Optimieren Sie Stimmeinsatz und Sprechtechnik	46
Körpersprache: Was tut Ihr Körper, während Sie reden?	47
Die Botschaft nonverbaler Signale	47
Haltung und Bewegung, Gestik und Mimik	49

Redeangst: Der ganz normale Stress vor Ihrem Vortrag	51
So begegnen Sie dem Lampenfieber	52
Übungen zum Aufwärmen vor der Rede	54
Wie Sie mit Störungen umgehen können	55
Störungen durch einzelne Teilnehmer	56
Störungen innerhalb der gesamten Gruppe	58
Störungen durch die vortragende Person	60
Die Nachbereitung Ihrer Rede – eine Chance zur kontinuierlichen Verbesserung	61
Das Feedback der Zuhörer/-innen	61
Selbstbeurteilung	64
Zusammenfassung: Tipps und Hinweise, damit Ihre Rede gelingt	64

Kapitel 3
Visualisierung: Das Auge entscheidet mit über den Erfolg der Präsentation

Einige gute Gründe für das Visualisieren	67
Die Gestaltungselemente Schrift, Farbe und Form	69
Wissenswertes zum Thema Schrift	70
Der Einsatz von Farbe in Ihrer Visualisierung	71
Formen und Symbole nutzen	72
Wie Sie Inhalte graphisch interessant aufbereiten	77
Tabelle	78
Liste	79
Kurvendiagramm	79
Kreisdiagramm	80

Balken- oder Säulendiagramm	81
Organigramm	82
Ablaufdiagramm	83
Der gekonnte Einsatz von Medien	83
Flipchart	84
Overheadprojektor / Beamer	87
Diaprojektor	88
Videorecorder	90
Kassettenrecorder / CD-Player	91
So gestalten Sie Folien, Handouts und Plakate	93
Attraktive Folien erstellen	95
Wirkungsvolle Plakatgestaltung	100
Übersichtliche Handouts vorbereiten	105

Zu guter Letzt:
Präsentieren ist mehr als nur Reden — 107

Literatur — 108

Vorwort

Ob Sie es wollen oder nicht: Als Erzieherin stehen Sie im Mittelpunkt. Während des Elternabends, beim Aufnahmegespräch, in der Teamsitzung oder auch in den Verhandlungen mit Ihrem Vorgesetzten. Ihr beruflicher Erfolg ist immer davon abhängig, dass Sie überzeugend auftreten, Sicherheit ausstrahlen und Ihre Ziele, Wünsche und Interessen souverän vertreten. Fachwissen alleine reicht da nicht aus.

Die Reihe „Kindertageseinrichtungen konkret – Strategien für Ihren Erfolg" will Sie mit praxisrelevanten Themen und Tipps in Ihrem Berufsalltag unterstützen. Im vorliegenden Buch erläutert Petra Lachnit Schritt für Schritt die Grundprinzipien einer überzeugenden Präsentation. Sie zeigt auf, welche Regeln bei der Vorbereitung einer Rede zu beachten sind, wie Sie als Erzieherin Ihre Ausdrucksfähigkeit und Sprechtechnik optimieren, wie Sie Redeangst abbauen und welche Vorteile Sie durch gute Visualisierungstechniken erzielen. Alles in allem also Strategien, die Sie Ihre tägliche Arbeit in einer Kindertageseinrichtung erfolgreich bewältigen lassen.

Frank Jansen

Einführung

Es genügt nicht, zur Sache zu reden.
Man muss zu den Menschen reden.
Stanislaw Lec

Zu diesem Buch

Dieses Buch beschäftigt sich nicht in erster Linie mit Theorien der Rhetorik und Modellen der Vortragspräsentation. Vielmehr ist es ein praxisnaher Leitfaden zum Thema Vortragen und Präsentieren und richtet sich an Sie als Erzieher/-in, Kinderpfleger/-in oder Sozialpädagog/-in in einer Kindertageseinrichtung.
Das Buch macht sich zur Aufgabe, Sie zum Ausprobieren zu ermutigen, Ihnen mit Informationen und Ratschlägen zur Seite zu stehen und Ihr Selbstbewusstsein dahingehend zu stärken, sich häufiger als bisher Rede- und Vortragssituationen zu stellen und diese mit Hilfe der vorliegenden Informationen und Tipps kompetent zu bewältigen.

Vortragen und Präsentieren – eine Anforderung der beruflichen Praxis

Seien Sie einmal ehrlich: Das Halten von Reden und Vorträgen zählen Sie wahrscheinlich nicht gerade zu dem, was Sie als Ihre ausgeprägte Stärke bezeichnen würden. Wie sollte sich solch eine Stärke auch entwickeln können? In der Schule lernen wir alle das Referat als einzige Form des vorbereiteten Vortrags kennen. In Ihrer Ausbildung zur Erzieher/-in spielten die Themen Gesprächsführung, Moderation, Vortragen und Präsentieren wahrscheinlich nur eine untergeordnete Rolle. Methoden und Techniken, die für die Vorbereitung einer Rede und für das Gelingen eines Vortrages so immens wichtig sind, bleiben im Rahmen der Erzieher/-innenausbildung häufig ganz außen vor.

Wenn Sie sich Ihre tägliche berufliche Praxis vor Augen führen, werden Sie feststellen, dass es erstaunlich viele Gelegenheiten für Reden und Vorträge in Ihrer Kindertagessstätte gibt. Häufig präsentieren Sie selbst Ihre Ideen und Vorschläge spontan, ohne dem Ganzen größere Bedeutung beizumessen. Erinnern Sie sich doch einmal kurz an die Geschehnisse des vergangenen Monats in Ihrer Einrichtung: Wie häufig saßen Sie mit einer größeren Kindergruppe zusammen und führten das Gespräch oder die Diskussion? Sicher ist es auch noch nicht allzu lange her, dass Sie in einer Kinderkonferenz vor allen Kindern oder Jugendlichen Ihrer Einrichtung neue Ideen präsentierten. Oder stellen Sie sich die Teambesprechung vor, in der Sie Ihrem Kolleg/-innenkreis ausführlich von Ihrer Fortbildung berichteten. Und nicht zu vergessen: Kein Gruppenelternabend kommt ohne Ihre Begrüßungsrede, ohne Ihren Vortrag und ohne Ihre Gesprächsführung oder Diskussionsleitung aus.

Genauso, wie sich die Anforderungen an Ihre Kindertageseinrichtung rasant verändern, wächst auch das Feld der Möglichkeiten für Ihre Präsentationen, Reden und Vorträge. Jedes Unternehmen, gleich ob sozialer oder wirtschaftlicher Art, das Kontakte nach außen pflegt, muss sich der Öffentlichkeit geschickt präsentieren. Diese Form des Selbstmarketings Ihrer Einrichtung wird in Zukunft immer größere Bedeutung haben.

Anlässe für Reden und Vorträge in Kindertageseinrichtungen

Bei genauerer Betrachtung lassen sich interne und externe Rede- oder Präsentationsanlässe unterscheiden. Sicher haben Sie bei internen Reden und Vorträgen bereits ein gewisses Maß an Routine entwickelt, denn interne Redeanlässe gibt es auch in Ihrer Kindertagesstätte unzählige.

Interne Präsentationen

Interne Präsentationen, Reden und Vorträge gliedern sich in Anlässe mit oder für
- Kinder
- Eltern
- Team
- Träger
- Öffentlichkeit

In Ihrer Arbeit mit Kindern oder Jugendlichen gehört es bereits zu Ihrem „Alltagsgeschäft", Situationen zu meistern, in denen Sie Vorträge oder freie Reden halten, präsentieren oder ein Kurzstatement abgeben.

Interne Rede- und Präsentationsanlässe mit Kindern:
- Kinderkonferenzen, die Sie leiten und moderieren
- Kinderkonferenzen, bei denen Sie den Kindern neue Ideen präsentieren
- Planungsgruppen mit Kindern, die mit Ihnen zusammen neue Aktionen für alle Kinder der Einrichtung vorbereiten
- Informationsveranstaltungen, Besuchsnachmittage für neue Kinder, bei denen Sie kindgerechte Inhalte vorstellen
- Jahresrückblicke mit Kindern
- Besprechungen mit Kindern, bei denen Sie Ziele der Kinder für das kommende Jahr entwickeln
- Diskussionsrunden mit Kindern, die Sie strukturieren und leiten

Ein breites Spektrum an Rede-, Vortrags- und Präsentationsmöglichkeiten bietet Ihnen natürlich die Elternarbeit. Hier können Sie getrost verschiedene, in diesem Buch beschriebene Varianten ausprobieren und einüben. Die Eltern geben Ihnen allein durch die Tatsache, dass sie Ihnen ihr Kind tagtäglich überlassen, einen Vertrauensvorschuss. Auch wenn bei Ihrer Präsentation am Elternabend etwas nicht perfekt klappen sollte – die Eltern werden dies sicherlich nachsehen.

Vortrags- und Präsentationsmöglichkeiten vor Eltern:
- Sitzungen, Besprechungen mit dem Elternbeirat
- Projektpräsentationen auf Elternabenden
- Vorträge oder Kurzstatements mit anschließender Diskussion auf Elternabenden
- Präsentationen der Ergebnisse von Elternbefragungen
- Vorstellen der pädagogischen Konzeption
- Planung von Festen und Feiern
- Informationsabende für potenzielle Kunden
- Schnupperabende oder -nachmittage für Neuanmeldungen
- Information und Darstellung der Einrichtung im Anmeldegespräch

Im Bereich des Teams Ihrer Einrichtung, in Konferenzen und Teambesprechungen gibt es zahlreiche Anlässe zum Vortragen und Präsentieren. Rede und Vortrag im Team meint allerdings nicht Teambesprechungen mit endlosen Monologen oder ergebnislosen Diskussionen.

Rede- und Vortragssituationen im Bereich des Teams:
- Vorträge über Fortbildungsinhalte
- Information über Fachartikel
- Aufbereitung und Präsentation neuer Fachliteratur
- Information über Fachvorträge
- Planung, Entwicklung und Darstellung von Projekten
- Darstellung und (Weiter)entwicklung des pädagogischen Konzeptes
- Besprechungsmoderation
- Diskussionsleitung
- Konzeptentwicklung der Öffentlichkeitsarbeit und des Einrichtungsmarketings
- Jahresrückblicke
- Zielentwicklungen und -festschreibungen
- Ermittlung des künftigen Fortbildungsbedarfs

Auch im Hinblick auf die Kooperation und Verhandlungen mit Ihrem Träger helfen Ihnen Rede-, Vortrags- und Präsentationstechniken.

Beispiele für Anlässe in der Zusammenarbeit mit Ihrem Träger:
- Darstellung pädagogischer Schwerpunkte
- Information über konzeptionelle Grundlagen
- (Weiter)entwicklung der Konzeption
- Präsentation neuer Projekte
- Vorstandssitzungen
- Kostenverhandlungen
- Jahresrückblick
- Zielvereinbarungen, Zielentwicklungen
- Entwicklung oder Darstellung eines PR-Konzepts
- Information und Präsentation von Zukunftstendenzen
- Information über Entwicklung von Belegungszahlen (Rücklauf, Warteliste, Altersverteilung, Frequentierung der Serviceangebote ...)

Einrichtungsinterne Rede- und Vortragssituationen im Bereich der Öffentlichkeitsarbeit:
- Sommerfeste und Veranstaltungen, zu denen die Öffentlichkeit geladen wird
- Veranstaltungen mit Kurzpräsentationen, beispielsweise Tage der offenen Tür
- Öffentliche Projektpräsentationen in der Kindertagesstätte
- Ausstellungen in der Einrichtung mit öffentlichem Charakter
- Informationsveranstaltungen und Kundenwerbung

Die folgende Tabelle gibt Ihnen einen Überblick über die Anlässe für Reden, Präsentationen und Vorträge innerhalb Ihrer Einrichtung.

Reden, Präsentationen und Vorträge innerhalb der Kita

Interne Anlässe	Bereiche				
	Kinder	Eltern	Team	Träger	Öffentlichkeit
Kinderkonferenz	•				
Planung neuer Aktionen	•	•	•	•	
Bericht über Fortbildung		•	•	•	
Konzeptentwicklung			•	•	
Information und Statements zu Fachbeiträgen				•	
Entwicklung von Projekten	•	•	•	•	
Erstellen eines Konzepts zur Öffentlichkeitsarbeit			•	•	
Diskussionsleitung	•	•	•		
Gesprächsführung und Moderation	•	•	•	•	
Sitzungen mit Elternbeirat		•			
Kurzvorträge am Elternabend		•			
Infoveranstaltung für potenzielle Kunden	•	•			•
Schnuppernachmittage für neue Kinder und Eltern	•	•			

Interne Anlässe	Bereiche				
	Kinder	Eltern	Team	Träger	Öffentlichkeit
Projektpräsentationen		●	●		●
Tag der offenen Tür	●	●	●		●
Sommerfest	●	●	●		●
Feste für die Allgemeinheit	●	●	●		●
Vorstandssitzungen				●	
Kostenverhandlungen				●	
Darstellung des pädagogischen Konzepts		●	●	●	●
Jahresrückblick	●	●	●	●	
Zielentwickung	●		●	●	

Externe Präsentationen

Gelegenheiten für Präsentationen, Vorträge und Reden außerhalb der Kindertageseinrichtung mögen Ihnen zunächst weit hergeholt erscheinen. Doch werden diese Anlässe für Sie als Erzieher/-in in Zukunft mehr und mehr an Bedeutung gewinnen. An welche Anlässe für Vorträge und Präsentationen außerhalb Ihrer Kindertagesstätte ist also zu denken?

Ihre innovative Praxis erzeugt das Interesse der Fachwelt.

Stellen Sie sich vor, Sie haben eine besonders gelungene, pädagogische Konzeption oder der Name Ihrer Einrichtung wurde durch bestimmte Aktionen oder Projekte bekannt. In solchen Fällen wird es nicht lange dauern, bis Fachakademien, Fachschulen oder Fachhochschulen bei Ihnen anfragen, ob Sie Ihr Projekt oder Ihre Konzeption den Studierenden in der jeweiligen Unterrichtsstätte präsentieren dürfen. Gelegentlich werden auch Fortbildungsanbieter anfragen, ob Sie zu einem Thema, auf das Sie sich offensichtlich in Ihrer pädagogischen Arbeit spezialisierten, eine Fortbildung für Ihre Kolleg/-innen durchführen oder einen praxisbezogenen Fachvortrag darüber halten.

Lobbyarbeit für Kinder und Jugendliche

Themenbezogene Arbeitskreise und Arbeitsgemeinschaften auf regionaler Ebene suchen häufig nach Referent/-innen zu Themenstellungen wie Konzeptentwicklung, Qualitätsmanagement, Kundenorientierung oder Vernetzung der Einrichtung. Warum sollten Sie Ihre praktischen Erfahrungen auf diesem Gebiet nicht einbringen? Denkbar und praktikabel wäre beispielsweise ein stadtteilweites Bündnis interessierter Einrichtungen auch über den Tagesstättenbereich hinaus, die sich bestimmter Themen annehmen. Hier kann jede Einrichtung zum jeweiligen Themenschwerpunkt ihre Erfahrungen vortragen und präsentieren.

Auch im Bereich der Jugendhilfe bilden sich derzeit viele Gremien und Ausschüsse, die Lobbyarbeit für Kinder und Jugendliche betreiben oder den Jugendhilfeausschuss mit Informationen beliefern.

Externe Anlässe für Präsentationen und Vorträge

Kapitel 1

Planung: Die Rede muss gezielt vorbereitet und klar strukturiert sein

Beginnen Sie mit einer optimalen Vorbereitung

Sicher haben Sie bereits für unterschiedlichste Situationen eine Rede, einen Vortrag vorbereitet und auch durchgeführt. Dann kennen Sie auch die Gefühle und Gedanken, die sich oftmals nach beendeter Rede aufdrängen:

„Jetzt fallen mir noch zwei wichtige Aspekte ein."
„Hätte ich nur gewusst, dass dieses Konzept so starke Widerstände bei den Eltern erzeugt!"
„Nun denke ich an Vorteile, die ich dem Vorstand anhand von Beispielen hätte schildern können!"
„Heute könnte ich auf die Anschlussfrage besser reagieren."
„Ich hatte nicht damit gerechnet, dass sich noch eine Diskussion auftut."

In der Praxis wird aus Zeitmangel häufig der Fehler begangen, zu wenig Augenmerk auf die Phase der Vorbereitung zu richten. Denn die Vorbereitung kann bereits über Erfolg oder Misserfolg Ihrer Rede entscheiden. Natürlich haben Sie Recht, wenn Sie nun sagen, eine Rede entstehe beim Sprechen. Die Zuhörer entscheiden darüber, ob Ihnen die Inhalte gefallen, ob sie sich angesprochen fühlen. Doch bedenken Sie: Keine freie Rede und kein rhetorisch perfekter Vortrag ist jemals ohne gründliche Vorbereitung entstanden. Frei Sprechen bedeutet nicht unvorbereitet zu reden. Gelungene Vorträge halten sich an den bewährten Dreierschritt (Gröschel 1994, Ruhleder 1998):

Drei Schritte zur geglückten Rede

- Vorbereitung
- Durchführung des Vortrags, der Rede
  (Einstieg, Hauptteil, Abschluss)
- Nachbereitung

Damit Ihre Rede, Ihr Vortrag gelingt, sollten Sie sich vornehmen, einige Zeit in schriftliches Planen zu investieren. Schriftliches Planen deshalb, weil Sie „schwarz auf weiß" fixieren und sich die Planung immer wieder vor Augen führen können. Sie geben Ihren Ideen und Gedanken durch die schriftliche Planung eine erste Orientierung und eine grobe Struktur. Schriftlich Festgehaltenes bleibt Ihnen länger im Gedächtnis. Bei dieser Art der Vorbereitung sollten Sie zweierlei berücksichtigen, nämlich sich konzentriert und voller Aufmerksamkeit auf die Redesituation einstimmen und andererseits Ihren Vortrag inhaltlich planen.

Einstimmung auf die Redesituation

Wenn Sie sich auf die Situation Ihrer Rede einstimmen, kann es Ihnen eine Hilfe sein, verschiedene Fragen zu beantworten (Gröschel 1994). Dadurch wird es Ihnen rasch gelingen, sich die kommende Redesituation zu vergegenwärtigen und auch Einzelheiten zu bedenken.

Fragen Sie sich: Wer spricht? Zu wem? Worüber? Mit welchem Ziel? Wie lange? Wie sieht der äußere Rahmen aus?

Die folgende Checkliste *(→ Seite 17 und 18)*, die aus diesen Fragen entwickelt wurde, kann Ihnen bei der Vorbereitung helfen.

Ich hatte sechs ergebene Diener.
Sie lehrten mich alles,
was ich wissen musste.
Ihre Namen waren: Wo und was
und wann und warum
und wie und was.
Rudyard Kipling

Checkliste zur Einstimmung auf die Redesituation

Wer spricht?
Notieren Sie hier, in welcher Funktion oder sozialen Rolle Sie sprechen. Sprechen Sie freiwillig? – Wie stehen Sie zu dem Thema, über das Sie sprechen?

_____
_____
_____

Zu wem?
Schreiben Sie Ihre Kenntnisse über den Kreis der Zuhörer/-innen auf: Wer hört zu? – Welche Berufsgruppen sind vertreten? – Besteht Interesse für das Thema? – Sind Vorkenntnisse zum Thema da? – Steht die Gruppe dem Thema offen gegenüber? – Bestehen Vorurteile? – Sind Widerstände zu erwarten? – Sind die Zuhörer/-innen freiwillig gekommen? – Wie ist die Verbindung zwischen Ihnen und der Gruppe? – Wie viele Teilnehmer/-innen werden erwartet?

_____
_____
_____
_____

Worüber?
Notieren Sie hier das konkrete Thema, über das Sie sprechen wollen.

_____
_____

Wie schätzen Sie Ihr Thema ein?
○ brandneu   ○ einigen Zuhörern bekannt
○ allen Zuhören geläufig

Handelt es sich um:
○ beliebtes Thema   ○ „leidiges" Thema   ○ provokantes Thema

Mit welchem Ziel?
Fassen Sie den Kern Ihrer Rede (Ihr Redeziel) in einem Satz zusammen. – Was wollen Sie bei Ihren Hörer/-innen erreichen? –

Was soll die Gruppe denken, fühlen, behalten? – Was wollen Sie zum Thema sagen, um Ihr Ziel bei den Zuhörer/-innen zu erreichen?

_____

_____

Wie lange?
Notieren Sie, wieviel Zeit Ihnen zur Verfügung steht.

_____

Wenn Sie wenig Zeit zur Verfügung haben:
Nennen Sie stichpunktartig die wichtigsten Aspekte, die Sie in jedem Fall ansprechen müssen.

_____

_____

Nennen Sie stichpunktartig Aspekte, auf die Sie unter Umständen verzichten können.

_____

_____

Nennen Sie stichpunktartig Aspekte, die Sie vor Ihrem Zuhörerkreis ausklammern wollen.

_____

_____

Wenn Sie viel Zeit zur Verfügung haben, überlegen Sie sich, ob Sie
○ die gesamte Zeit sprechen wollen
○ wichtige Inhalte mit Ihren Zuhören entwickeln
○ eine Fragerunde an Ihre Rede anschließen
○ die Zeit für eine Diskussion nutzen
○ eine Pause einkalkulieren

Vor welchem äußeren Rahmen?
Notieren Sie kurz – wo sie sprechen – wie der Raum aussieht, in dem Sie sprechen (Lichtquellen, Raumgröße, Bestuhlung …) – welche Medien Ihnen zur Verfügung stehen – wann Sie sprechen – ob vor bzw. nach Ihnen noch andere Vorträge geplant sind.

_____

_____

Inhaltliche Planung der Rede

Das lineare Konzept

Sehr verbreitet ist das lineare Konzept der Redevorbereitung. Dabei strukturieren Sie Ihre Gedanken, indem Sie eine numerisch geordnete Gliederung erstellen. Diese hat den Nachteil, dass sie häufig im Nachhinein verworfen, ergänzt oder in ihrer Reihenfolge teilweise oder komplett umgestellt wird. Dadurch geht Ihnen kostbare Zeit verloren, die Sie sinnvoller für weitere Schritte Ihrer Redevorbereitung einsetzen könnten.

Das Mind Mapping *(Buzan/Buzan 1996)*

Mind Map bedeutet soviel wie „gedankliche Karte", die Sie erstellen, indem Sie Ihren Gedanken und Ideen freien Lauf lassen. Ähnlich wie beim Brainstorming brauchen Sie im Stadium der Ideenfindung keine Entscheidung zu treffen über Reihenfolgen, Sinnhaftigkeit oder Praktikabilität Ihrer Assoziationen. Wenn Sie Ihren Vortrag, Ihre Rede mit Hilfe eines Mind Maps aufbauen wollen, können Sie folgendermaßen vorgehen:

- Stellen Sie Ihr Thema ins Zentrum Ihrer Skizze. Kreisen Sie das Thema ein oder malen Sie ein Symbol dazu.

- Ihren ersten Gedanken fassen Sie in ein Reizwort oder in einen Halbsatz und notieren ihn auf dem Papier. Ziehen Sie dann eine Verbindungslinie, einen „Ast", von Ihrem Thema hin zu diesem Reizwort.

- Schreiben Sie weitere Assoziationen zu diesem Reizwort als gliedernde Zweige an die Verbindungslinie.

- Jeder weitere Hauptgedanke erhält einen neuen Ast mit den dazugehörenden Untergliederungen.

- Nachdem Sie die Stoffsammlung zu Ende gebracht haben, strukturieren Sie Ihr Mind Map. Sie überprüfen Ihre Ideen – beachten Sie dabei auch die Zeit, die Ihnen als tatsächliche Redezeit zur Verfügung steht – und streichen weniger Wichtiges aus der Stoffsammlung heraus. Zur besseren Übersicht können Sie Ihr Mind Map auch noch einmal ordentlich erstellen.

- Zum Schluss bringen Sie Ihr Mind Map in eine Reihenfolge: Sie versehen die einzelnen Hauptäste mit Ziffern, je nachdem, in welcher Abfolge sie die einzelnen Aspekte in Ihrer Rede ansprechen wollen. Mit Hilfe der Mind Map-Technik könnte so z.B. eine Rede für eine Weihnachtsfeier oder einen Jahresrückblick vor Ihrem Team entwickelt werden. Das sich anschließende Mind Map kann Ihnen als Vorlage für Ihre Redevorbereitung zu einem beliebigen Thema dienen.

**Mind Map zur Vortragsentwicklung:
Thema Jahresrückblick**

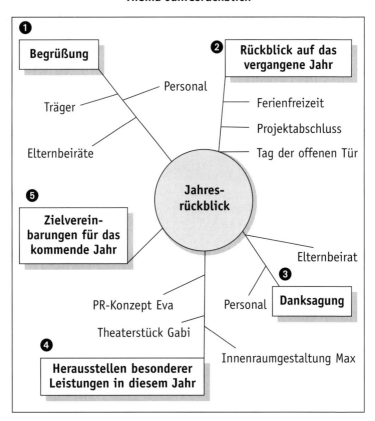

Mind Map-Vorlage zur Vorbereitung eines Redemanuskripts

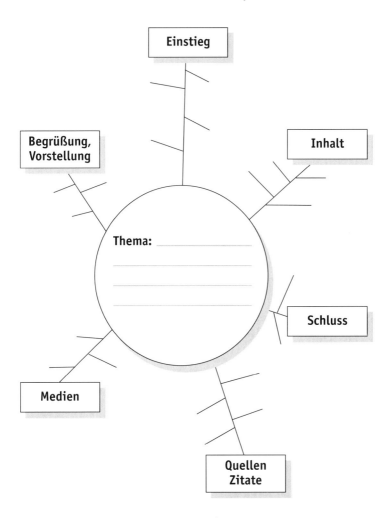

Sorgen Sie für einen klaren Aufbau Ihres Vortrags

Jede Rede sollte einen klar strukturierten Aufbau erkennen lassen, der bestimmte unverzichtbare Bestandteile enthält.

Phasen der Vortragsgestaltung und Redeaufbau

Planung

Phase der **Vorbereitung** des Vortrags

Begrüßung
der Zuhörer

Vorstellen der eigenen **Person**
Vorstellen des **Themas**

Einstieg ins Thema
„Interesse der Zuhörer wecken!"

Überleitung zum Hauptteil:
Gliederung des Vortrages

Hauptteil
Teil 1
Teil 2
Teil 3

Schluss
„Der krönende Abschluss!"
evtl. Fragerunde oder Diskussion

Phase der **Nachbereitung** des Vortrages

Einstieg: Ein guter Start ist entscheidend

Wenn Du erfolgreich sein willst, dann musst du neue Wege einschlagen und nicht auf den ausgetretenen Pfaden des gemeinhin Akzeptierten marschieren.
John D. Rockefeller

Die Art und Weise, wie Sie Ihren Vortrag beginnen, bestimmt nachhaltig den Eindruck, den Ihre Zuhörer/-innen von Ihnen gewinnen. Die ersten Minuten Ihres Vortrages beeinflussen im Wesentlichen das Gelingen Ihrer weiteren Rede. Für den Redeeinstieg gilt die goldene Regel: *Die ersten zehn Worte sind wichtiger als die nächsten fünfhundert!* Legen Sie deshalb größten Wert auf eine gelungene und auch passende Eröffnung. Ausreichend Zeit in die Planung des Einstieges zu investieren, gehört zu den wichtigsten Aufgaben der Vortrags- und Redevorbereitung.
Ein hilfreicher Tipp: Lernen Sie Ihren Redeeinstieg auswendig! So kann Sie gerade zu Beginn Ihres Vortrages nichts aus dem Konzept bringen. Sie werden durch den vorbereiteten Redeeinstieg schnell an Sicherheit gewinnen.

Die Begrüßung der Zuhörer/-innen

Zum gelungenen Einstieg gehört es auch, dass Sie Ihre Zuhörer/-innen begrüßen. Wählen Sie je nach Redeanlass und Zuhörerkreis eine persönliche oder eher förmliche Art der Begrüßung. Sollten Ehrengäste im Publikum sein, begrüßen Sie diese namentlich – achten Sie darauf, dass Sie nicht vergessen, einen bedeutenden Ehrengast zu erwähnen.
Sie entscheiden, ob Sie die Begrüßung der Gruppe ganz an den Anfang Ihrer Rede stellen. Wirkungsvoll kann es auch sein, die Begrüßung erst nach dem Einstieg in die Thematik zu bringen – Sie erhöhen bei Ihren Zuhörer/-innen dadurch nochmals die Spannung und heben sich durch ein solches Vorgehen von der üblichen Rede- und Vortragsgestaltung ab.

Die Vorstellung der eigenen Person

Die Vorstellung Ihrer Person handhaben Sie analog zur Begrüßung des Publikums. Sie entscheiden sich für eine Reihenfolge. Wichtig ist dabei nur, sich selbst immer erst nach der Begrüßung der Gruppe vorzustellen. Langweilen Sie Ihr Publikum nie mit endlosen

 Monologen zu Ihrer Person und erschrecken Sie es nicht durch eine lückenlose Schilderung all Ihrer Kompetenzen. Beschränken Sie sich bei der Vorstellung auf das Wesentliche. Die Vorstellung soll verdeutlichen, in welcher Rolle und Funktion Sie sprechen. Sympathisch macht es Sie, wenn Sie bei Ihrer Vorstellung noch kurz erläutern, welchen Bezug Sie zum Thema haben oder den Grund nennen, warum Sie gerade dieses Thema sehr berührt.

Verschiedene Möglichkeiten, in das Thema einzusteigen

Sie haben unzählige Möglichkeiten, eine Rede zu beginnen und die Aufmerksamkeit der Zuhörer/-innen durch einen interessanten Auftakt zu erhöhen (Ruhleder 1998).

Ernster Einstieg

Der ernste Einstieg besteht häufig aus historischen Daten, einer Statistik oder aus der Schilderung von Tatsachen, Fakten oder Zahlen. Sicher haben Sie als Zuhörer/-in auf Fachveranstaltungen bereits zahlreiche solcher Einstiege erlebt. Sollten Sie für Ihren Vortrag einen ernsten Einstieg wählen, werden Sie wahrscheinlich genau das Erwartungsniveau Ihrer Zuhörer treffen. Sie sollten allerdings wissen: Mit diesem Einstieg erwecken Sie keine Begeisterung, Neugierde oder Spannung bei Ihrem Publikum.
Beispiel für einen ernsten Einstieg:
„Liebe Elternbeiräte!
Die Umsatzzahlen unseres Kinderfestes im vergangenen Jahr setzten sich folgendermaßen zusammen:
Tombola: DM 1.750,–
Getränkeverkauf: DM   859,–
Verkauf von Speisen: DM 634,–
Abzüglich aller Ausgaben verblieb unserer Kindertagesstätte ein Reingewinn von DM 2.304,–.
Meine Damen und Herren, heute sind wir wieder zusammengekommen, um unser diesjähriges Kinderfest zu planen."

Humorvoller Einstieg

Diese Art des Einstieges ist eine der gelungensten. Wenn der humorvolle Einstieg zu Ihrem Wesen passt, werden Sie sofort alle Lacher und damit auch alle Sympathien auf Ihrer Seite haben.
Beispiel für einen humorvollen Einstieg:
„Kürzlich fragte mich ein Kind, ob wir in der Kindertagesstätte nicht jede Woche einen Elternabend veranstalten könnten. Als ich mich nach dem Grund des Wunsches erkundigte, äußerte das Kind: „Wenn meine Mama bei Euch beim Elternabend ist, soll mein Bruder auf mich aufpassen. Und wir beide schauen dann immer heimlich fern, bis wir die Mama im Treppenhaus hören!"

Einstieg mit einer rhetorischen Frage

Hier stellen Sie zu Beginn Ihrer Rede eine Frage, die Sie dann nach einer Sprechpause selbst beantworten. Auf die Frage können Sie sich im Laufe oder am Ende des Vortrags immer wieder beziehen. Diese Frage erzeugt bei Ihren Zuhörer/-innen Spannung und regt zum Nachdenken an. Halten Sie die Pause nach der Frage allerdings nicht zu lange – die Gefahr besteht, dass sich jemand aus Ihrem Zuhörerkreis aufgefordert sieht, sie laut zu beantworten. Dies würde Ihrem Einstieg möglicherweise eine unerwünschte Richtung geben oder Sie persönlich zu Beginn Ihrer Rede stark verunsichern.
Beispiel für einen rhetorischen Frageeinstieg:
„Warum, liebe Kolleginnen und Kollegen, wird in unserer Einrichtung die Fortbildung des Personals so groß geschrieben? – Nicht, weil unser Personal ein so großes Defizit aufweist, sondern weil bei uns die personelle Weiterentwicklung ebenso wie die kindliche Bedürfniswelt im Vordergrund steht."

Provokanter Einstieg

Dieser Beginn erhöht bei Ihren Hörer/-innen die Aufmerksamkeit sofort. Allerdings können Sie durch einen solchen Einstieg auch schockieren und sämtliche Zuhörer/-innen gegen sich aufbringen. Probieren Sie den provokanten Einstieg deshalb vor vertrauter Zuhörerschaft aus, von der Sie sicher sein können, dass sie Ihnen gewogen ist.
Beispiel für einen provokanten Einstieg:
„Durch das Vertrauen unserer Kunden, die Leistung unserer Mitarbeiter/-innen, unsere Marktorientierung und unsere Aufgeschlossenheit für Neuerungen sind wir führend in Stadt und Landkreis."

 *Wir orientieren uns an den Bedürfnissen unserer Kunden, die der Mittelpunkt unseres Tuns und Handelns sind. Dies unterscheidet uns von anderen und bringt Vorteile für unsere Kunden.*
So lautet ein Auszug aus dem Leitbild eines bundesweit vertretenen Kreditinstitutes.
Ich behaupte, dieses Leitbild ist auf den Bereich der Kindertageseinrichtungen ohne Weiteres übertragbar!"

Einstieg mit einem Zitat oder einer Anekdote

Wenn Sie mit einem Zitat in Ihre Rede einsteigen, überraschen Sie die Gruppe angenehm. Handelt es sich dabei zudem noch um ein kurzes Zitat, prägt es sich bei den Hörer/-innen rasch ein. Von Ihnen weiß das Publikum nun, dass Sie sich gewissenhaft und gründlich auf Ihren Vortrag vorbereitet haben.
Beispiel für einen Einstieg mit Zitat:
„Konrad Adenauer sagte einmal: ‚Die zehn Gebote sind deshalb so einfach und klar, weil Sie nicht auf einer Sitzung verabschiedet wurden.' Vor einem ähnlichen Problem steht unsere Besprechungskultur seit geraumer Zeit. Wir problematisieren, diskutieren und beschließen. Viele unsere Beschlüsse werden von uns selbst nicht zielstrebig genug verfolgt, deshalb gehen sie schnell wieder unter. Die kostbare Besprechungszeit hätten wir folglich für Wichtigeres einsetzen können."

Aktueller Einstieg

Sie beginnen mit einer aktuellen Meldung aus Presse, Rundfunk, Fernsehen, über die Sie schließlich einen Bezug zu Ihrem Thema herstellen.
Beispiel für einen aktuellen Einstieg:
„Heute Morgen las ich in der Tageszeitung folgende Headline: Kinderzahlen gehen in ganz Deutschland weiter zurück!
Dies sollte ein Grund für unsere Einrichtung sein, weiterhin verstärkt auf Kundenorientierung zu setzen und die Serviceleistungen für Eltern und Kinder auszubauen, um im Wettbewerb bestehen zu können."

Persönlicher Einstieg

Sie erzählen Ihrer Gruppe, wie Sie zu dem Thema stehen und warum Sie sich für dieses Thema entschieden haben. Denkbar wäre

auch, ein persönliches Erlebnis zu schildern, das mit dem Thema unmittelbar in Zusammenhang steht.
Beispiel für einen persönlichen Einstieg:
„Gestern erzählte mir eine allein erziehende Mutter, dass Sie jeden Morgen große Schwierigkeiten hat, pünktlich um sieben Uhr an Ihrer Arbeitsstelle zu sein. Die Mutter meinte, dass die Zeit zwischen dem Öffnen unserer Kindertagesstätte und Ihrem Arbeitsbeginn kaum ausreiche für die Autofahrt zur Arbeitsstelle und die Parkplatzsuche.
Unserer Umfrage nach zu urteilen steht diese Mutter nicht alleine da. Wir wollen deshalb heute gemeinsam mit Ihnen, liebe Elternbeiräte, nach Öffnungszeiten suchen, die für die Eltern geeignet und für die Einrichtung praktikabel sind."

Einstieg mit einem Vergleich

Über den Vergleich erzeugen Sie Bilder in den Köpfen Ihrer Zuhörer/-innen. Sie steigen in den Vortrag ein, indem Sie das Thema oder einen Teilaspekt veranschaulichen. Sie können einerseits eine bildhafte Sprache wählen oder während Ihres Einstieges Ihr gesprochenes Wort mit einer Overheadfolie untermauern oder ein mitgebrachtes Objekt zeigen.
Beispiel für den Einstieg mit einem Vergleich:
„Wenn du ein Schiff bauen willst, dann trommle nicht Männer zusammen, um Holz zu beschaffen, Aufgaben zu vergeben und die Arbeit einzuteilen, sondern lehre sie die Sehnsucht nach dem weiten, endlosen Meer.
Vergleichbar mit Antoine de Saint-Exupérys Schiffsbau ist auch die Entwicklung unserer Konzeption. Auch die Konzeption „lebt", denn jede Mitarbeiter/-in muss sie verinnerlicht haben, um sie nach außen tragen und leben zu können."

Einstieg, der die Zuhörer mit einbezieht

Bei diesem Einstieg gibt es verschiedene Möglichkeiten. Sie können in den Vortrag einsteigen, indem Sie Ihren Hörer/-innen ein Kompliment aussprechen: *„Ihre Teilnahme beweist, wie groß Ihr Interesse an der Entwicklung Ihres Kindes ist."*
Bei kleinem Kolleg/-innenkreis ist es denkbar, über Handzeichen oder durch Punkteabfrage an einer vorbereiteten Pinnwand beispielsweise Vorkenntnisse zum Thema abzufragen. *„Ich bitte diejenigen unter*

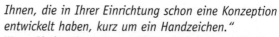
Ihnen, die in Ihrer Einrichtung schon eine Konzeption entwickelt haben, kurz um ein Handzeichen."

Wenn Sie bereits etwas geübter sind, können Sie Ihre Zuhörer/-innen bei der Eröffnung noch stärker einbeziehen, in dem Sie sie bitten, zwei bis drei Minuten in „Murmelgruppen" ihre Fragen zum Thema zu besprechen und kurz zu notieren. Gegen Mitte des Vortrages gibt es eine Pause. In den „Murmelgruppen" wird beraten, welche der Fragen bereits beantwortet sind. Diese Fragen werden gestrichen. Die Auflistung der Fragen wird am Ende des Vortrages nochmals überprüft. In die Frage- oder Diskussionsrunde werden dann alle restlichen Fragen aufgenommen.

Einstieg mit Demonstration

Auf diese Weise setzen Sie für Ihren Einstieg ein deutliches Zeichen, an das sich Ihre Zuhörer/-innen lange erinnern werden. Wählen Sie für Ihren Beginn ein optisches oder akustisches Signal.
Optisches Signal kann durchaus ein kleine Vernissage von Arbeiten der Kinder, eine Fotoausstellung oder auch eine schriftlich fixierte Zitatensammlung „Kindermund" sein, die die Eltern betrachten. Als akustisches Zeichen können Sie ein Lied einspielen, das zum Thema passt und am Schluss Ihres Vortrags nochmals wiederholt wird.
Tonbandeinspielungen mit Kinderinterviews, in denen die Kinder der Einrichtung ihre Meinung zu bestimmten Themen äußern, beeindrucken die Zuhörer sehr.

Einstieg durch Anknüpfen

Sie starten Ihren Vortrag, indem Sie inhaltliche Aspekte aus dem Vortrag Ihres Vorredners aufgreifen. Anknüpfen können Sie jedoch auch an ein Ihnen und der Gruppe bekanntes Erlebnis, an eine lustige Begebenheit, die zum Thema passt oder an ein aktuelles Thema, das derzeit in aller Munde ist.
Beispiel für die Anknüpfungstechnik:
„Gerade erinnere ich mich an unseren letzten Betriebsausflug. Der Bus hatte unterwegs eine Panne. Plötzlich entstand eine beeindruckende Gruppendynamik: Jeder einzelne entwickelte konstruktive Ideen, wie er helfen konnte. Niemand verfiel ins Jammern und Lamentieren. Wenn wir nun heute im Team nach Problemlösungsstrategien suchen, sollten wir uns alle diese beeindruckende Situation nochmals vor Augen führen."

Hauptteil: Der inhaltliche Teil Ihrer Rede

Durch Ihren Einstieg dürfte es Ihnen gelungen sein, die Gruppe zu motivieren. Nun gelangen Sie zum eigentlichen Teil Ihrer Rede. Ihre Thesen und Argumentationen müssen beim Vortrag in eine logische und nachvollziehbare Abfolge gebracht werden. Damit dies gelingt, brauchen Sie einen klar strukturierten Hauptteil und ein plausibles gedankliches Konzept.

Bedenken Sie bei Ihrer Argumentation: Weniger ist mehr! Nicht jedes Argument, das Sie sich bei der Vorbereitung Ihres Redebeitrages notiert haben, müssen Sie tatsächlich auch verwenden.
Ihre Rede und Ihre Argumente sollten stets nach dem Redeziel ausgerichtet sein.
Eine Hilfe für die Erstellung und Strukturierung des Hauptteils einer Rede sollen die folgenden Argumentationsmodelle (Ditko/Eick/Mühlnickel 1999) sein. Für welches Modell Sie sich entscheiden, hängt natürlich von Ihrem Publikum und vom Thema und Ziel Ihrer Rede ab.

Das Standpunktmodell

Sie schildern kurz und prägnant Ihren Standpunkt oder Ihre Meinung zum Thema. Bei Ihrem Standpunkt kann es sich auch um eine Forderung handeln. Die Begründung Ihres Standpunktes folgt im zweiten Schritt. Ihren Standpunkt und die Begründung belegen Sie im nächsten Schritt mit einem Beispiel. Danach ziehen Sie die Schlussfolgerung aus allen bisherigen Schritten. Als letzte Stufe des Standpunktmodells richten Sie einen Appell an die Zuhörer, sich dem Standpunkt anzuschließen.

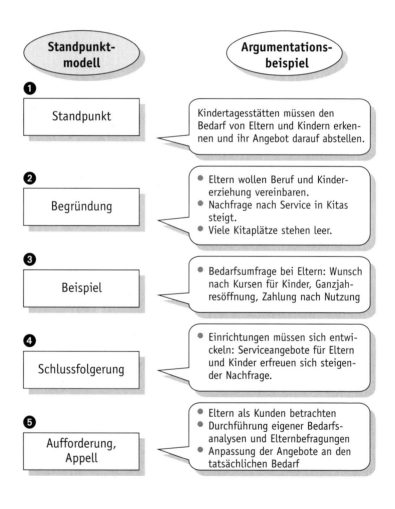

Das Problemlösungsmodell

Sie schildern die aktuelle Situation oder den Ist-Stand mit den negativen Auswirkungen, die er auf die Zuhörer/-innen haben könnte. Danach beschreiben Sie den Soll-Zustand als Ziel mit allen erdenklichen Vorteilen und positiven Auswirkungen auf Ihre Zuhörer. Im dritten Schritt entwickeln Sie Lösungsmöglichkeiten, wie der Soll-Zustand erlangt werden kann. Danach zeigen Sie die in Ihren Augen beste Alternative auf und appellieren im letzten Schritt an die Zuhörer, sich für diese Alternative zu entscheiden.

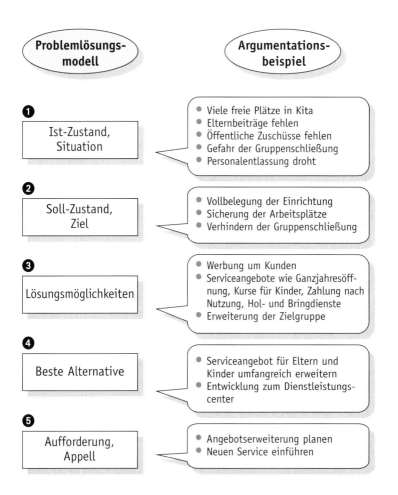

Das Modell der chronologischen Argumentation

Das chronologische Modell verwendet ausschließlich die zeitlichen Aspekte Vergangenheit, Gegenwart und Zukunft. Das Thema der Rede wird unter dem vergangenen und dem gegenwärtigen Aspekt beschrieben. Auf die Zukunft ausgerichtet formulieren Sie Ihre Schlussfolgerung oder Ihren Appell.

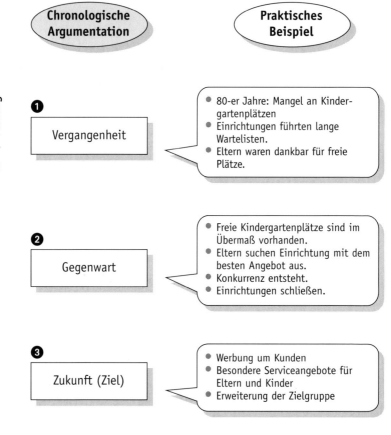

Das Modell der steigernden Argumentation

Sie entwickeln eine Argumentationskette, indem Sie mit dem scheinbar schwächsten Argument beginnen. Danach lassen Sie ein stärkeres Argument folgen. Sie schließen Ihre Argumentation mit dem stärksten Argument.

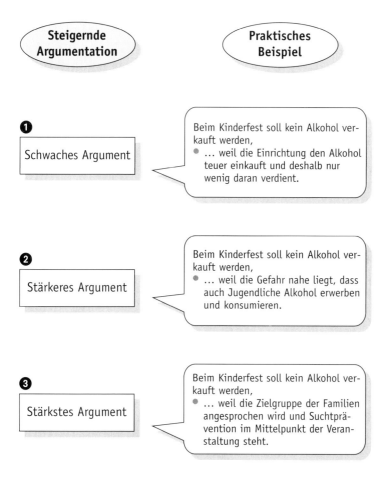

Das dialektische Argumentationsmodell

Sie stellen ein Argument und das Gegenargument, das Sie erwarten, gegenüber. Aus der Begründung der beiden Argumente entwickeln Sie Ihren Vorschlag oder Ihren Appell.

Schluss: Der letzte Eindruck bleibt

*Eines guten Redners Amt ist,
dass er aufhöre,
wenn man ihn am liebsten höret.*
Martin Luther

Der Schluss krönt Ihren gelungenen Vortrag oder Ihre Rede. Für den Schluss gilt Ähnliches wie für den Einstieg: Wählen Sie Ihren Ausstieg aus dem Thema ganz gezielt, indem Sie eine kurze Zusammenfassung aufzeigen und den Schlussakzent setzen, der Ihren Zuhörer/-innen verdeutlicht, dass Sie nun mit Ihren Ausführungen am Ende angelangt sind.
In jeden Abschluss eines Vortrages gehört eine kurze Zusammenfassung von maximal drei Kernaussagen Ihrer Rede. Durch die abrundende Wiederholung der zentralen Aussagen verankern Sie bei Ihren Zuhörer/-innen nochmals die wichtigsten Botschaften.

Abschließender Akzent am Ende der Rede

Mit Ihrer abschließenden Akzentuierung entscheiden Sie im Übrigen auch darüber, wieviel Applaus die Gruppe Ihnen zugesteht. Häufig setzt der Applaus am Ende eines Vortrags nur zaghaft ein, weil den Hörer/-innen das Ende der Rede nicht bewusst ist. Sagen Sie deshalb am Ende Ihrer Ausführungen, dass Sie nun am Schluss angelangt sind und bedanken Sie sich bei Ihrem Publikum. Lassen Sie Ihre Rede genauso innovativ enden, wie Sie sie begonnen haben.

Der Schlussteil ist der letzte Eindruck, den Sie bei Ihren Hörern hinterlassen. Genauso, wie Sie ihn gestalten, bleiben Sie bei den Zuhörern im Gedächtnis. Schade wäre doch sicher, wenn Sie nach einem brillanten Einstieg und einem gut strukturierten Hauptteil enden würden mit: „Sehr geehrte Damen und Herren! Das war's. Vielen Dank für Ihre Aufmerksamkeit."

Für einen Abschlussakzent eignen sich auch die weiter vorne aufgeführten Möglichkeiten des Einstiegs in entsprechend abgewandelter Form *(→ Seite 24ff)*.

> **Weitere gelungene Schlussakzente** (Ruhleder 1998):
> - Positiver Ausblick
> - Handlungshinweise oder -aufforderungen an die Gruppe
> - Appell formulieren
> - Abrundung hin zur einleitenden Frage
> - Passender Slogan
> - Ermutigendes Zitat als Abschlusssatz

So erstellen Sie Ihr Stichwortkonzept

Lösen Sie sich von der Vorstellung, eine vollständig ausgearbeitete Rede von Ihrem Redemanuskript weg zu halten. Vermutlich werden Sie während des Vortrags an Ihrem Text kleben und es wird Ihnen kaum gelingen, den Blickkontakt zur Gruppe dauerhaft zu halten. Die Gefahr besteht, dass Sie die genaue Zeile in Ihrem Konzept verlieren, wenn Sie zur Gruppe blicken. Durch die Verhaftung mit Ihrem ausformulierten Text wirkt Ihre Rede wie abgelesen. Sie sind weder zeitlich noch inhaltlich flexibel und es wird Ihnen ungleich schwerer fallen, auf Äußerungen und Zwischenfragen der Zuhörer/-innen einzugehen.

Eine vorbereitete Rede völlig frei zu sprechen, gelingt nur wenigen Menschen. Besonders dann, wenn Sie im Halten von Reden und Vorträgen wenig geübt sind, sollten Sie sich gut auf Ihre Rede vorbereiten und sich nicht selbst zusätzlich unter Druck setzen, indem Sie versuchen, völlig frei zu sprechen. Planen Sie genügend Zeit ein und erstellen Sie sich rechtzeitig vor Ihrer Rede einen Stichwortzettel. Dieser gibt Ihnen während des Vortrags zusätzliche Sicherheit, denn so gelingt es Ihnen, Ihre Rede strukturiert und geordnet vorzutragen. Der Stichwortzettel bewahrt Sie davor, wichtige Aspekte zu vergessen oder in der Reihenfolge zu vertauschen.

Gestaltung von Stichwortzettel und Redekarte

In der Praxis hat sich der Stichwortzettel oder die Redekarte im DIN A5-Querformat bewährt. Achten Sie darauf, dass Ihre Redekarten, ähnlich wie Karteikarten, leicht kartoniert sind, so wird später bei Ihrem Vortrag ein Rascheln oder Zerknittern vermieden. Beschriften Sie Ihre Stichwortzettel stets einseitig und nummerieren Sie sie fortlaufend durch. Egal, ob Sie die Karten mit dem PC oder von Hand beschriften, achten Sie auf eine Schriftgröße, die Sie möglichst aus 30 bis 40 Zentimetern Abstand noch lesen können. Beim Schreiben mit PC garantiert ein zweizeiliger Abstand und eine 14 Punkt Schrift beste Lesbarkeit.

Je nach persönlicher Vorliebe werden Sie Ihr Stichwortkonzept mit mehr oder weniger Text gestalten. Notieren Sie sich jedoch in jedem Fall die zeitliche Schiene auf den Karten und überlegen Sie bereits im Vorfeld, welche Aspekte weniger wichtig sind, so dass Sie diese im Bedarfsfall während der Rede weglassen können.

Fühlen Sie sich sicherer, wenn Sie Ihr ausformuliertes Manuskript auch während des Vortrages greifbar haben, entscheiden Sie sich für eine Redekarte (zum Folgenden vgl. Ditko/Eick/Mühlnickel 1999), die sowohl Ihren Fließtext, als auch die passenden Stichworte für die Rede enthält. Ihre kombinierte Redekarte kann folgendermaßen gestaltet werden:

Die kombinierte Redekarte

Stichwörter	Fließtext – Seite 1 –	Zeit
	Armut bei Kindern und Jugendlichen	
Einbindung Geldmangel	Sozialentwicklung Bei Kindern und Jugendlichen, die aus armen Familien stammen, wird neben der schwächeren Einbindung in die Gleichaltrigengruppe auch Geldmangel vermutet, der es den Kindern erschwert, am Gruppenleben teilzuhaben.	2 Min
Aggression Depression Mädchen leiden >	Andererseits können aggressive oder depressive Tendenzen der Kinder und Jugendlichen zur Ablehnung durch die Gruppe führen. Arme Kinder empfinden Mitleid als diskriminierend und Mädchen leiden mehr unter Armut als Jungen.	2 Min
Arme ≠ weiterführende Schulen Eltern drängen zu Schulabgang	**Bildung und Schulleistung** Kinder aus Haushalten mit Einkommen unter der 50%-Armutsgrenze besuchen sehr viel seltener weiterführende Schulen. Der Hauptanteil dieser Kinder besucht Hauptschulen oder Förderschulen. Eine Berliner Jugendstudie zeigt, dass vor allem Eltern mit geringem eigenem Bildungsstand ihre Kinder zu einem frühzeitigem Schulabgang drängen, damit sie von der finanziellen elterlichen Zuwendung rasch unabhängig werden.	1 Min

Wenn Ihnen eine Redekarte mit Stichworten als roter Faden genügt, bereiten Sie sich – im wahrsten Sinne des Wortes – einen Stichwortzettel vor. Ihr Konzept kann dann wie folgt aussehen:

Die Redekarte als Stichwortkonzept

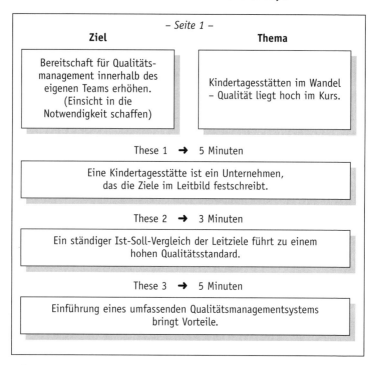

Eine weitere Möglichkeit, ein Stichwortkonzept für die Rede zu gestalten, ergibt sich aus der von der Vortragsgliederung her bereits bekannten Mind Map-Technik. Dabei stellen Sie Ihr Vortragsthema ins Zentrum Ihrer Redekarte. Zu den einzelnen Gliederungspunkten Ihrer Rede verlaufen Linien, sogenannte Hauptäste. Damit Sie während des Sprechens die Reihenfolge nicht verwechseln, ist es günstig, die Äste fortlaufend zu nummerieren. An die Hauptäste können Sie Nebenzweige mit Unterpunkten einfügen. Ein Mind Map-Stichwortkonzept (vgl. Ditko/Eick/Mühlnickel 1999) für eine Rede kann also folgendermaßen dargestellt werden:

Redekarte als Stichwortkonzept in Mind Map-Technik

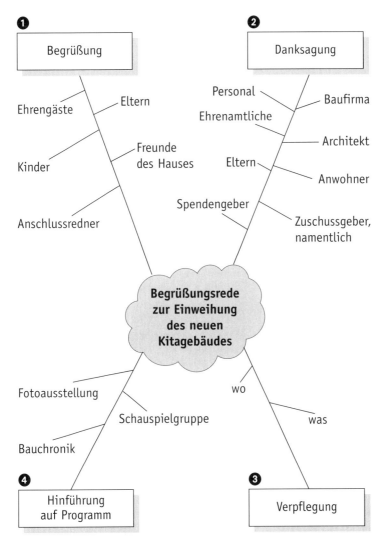

Kapitel 2

Rhetorik: Die Kunst, einen gelungenen Vortrag zu halten

Erweitern Sie Ihren Wortschatz

Der aktive Wortschatz eines Menschen liegt zwischen 2000 und 4000 Worten. Der passive Wortschatz – also die Begriffe, die wir zwar kennen, jedoch kaum gebrauchen – macht das Zwei- bis Dreifache aus. Zurecht bezeichnen wir diesen Besitz als Wort-„Schatz". In Ihrer Rede sollten Sie Worte vielfältig nutzen – ständige Wortwiederholungen langweilen Ihre Zuhörer/-innen. Mit einem großen Wortschatz gelingt es Ihnen, lebendig, anschaulich und abwechslungsreich zu sprechen. Sie zeichnen mit Ihrer Rede Bilder und Vorstellungen in die Köpfe Ihrer Zuhörer/-innen.

Übungen, um den aktiven Wortschatz zu vergrößern

Versuchen Sie also zunächst, Ihren aktiven Wortschatz zu erweitern. Dazu gibt es unzählige Möglichkeiten (Kratz 1998):

- ✴ Lesen Sie laut Texte aus Fachzeitschriften oder aus dem Wirtschaftsteil Ihrer Tageszeitung vor. Sie werden dadurch häufig mit Fremdwörtern konfrontiert und erfassen ihre Aussprache und ihren Inhalt rascher.

- ✴ Finden Sie Synonyme für alle möglichen Wörter. Unterstreichen Sie beispielsweise in einem literarischen Text 20 Worte und ersetzen Sie diese durch andere treffende Begriffe.

- ✴ Notieren Sie eine Zeit lang unbekannte Begriffe und schlagen Sie diese im Lexikon nach. Prüfen Sie immer wieder, ob Sie die Bedeutung behalten haben.

- ✳ Verwenden Sie ganz gezielt Worte, die nicht in Ihrem aktiven Wortschatz vorkommen.
- ✳ Lesen Sie den folgenden Zeitungsausschnitt laut. Erzählen Sie laut den Inhalt des Textes nach.

Flaschen

Grappa aus Afrika? Gefährlicher als eine Invasion von der Wega – jedenfalls für Italiener. Den wahren, einzigartigen Traubenspiritus können nur italienische Destillen produzieren: Also dürfen nur sie diese Bezeichnung verwenden. Nun aber schicken sich drei kleine, gottlose Brennereien vom Kap an, das Abendland mit ein paar hundert Litern Afro-Grappa zu überschwemmen!
Finito!, ruft Rom, und droht, das zur Jahreswende in Kraft getretene Freihandelsabkommen zwischen der Europäischen Union und Südafrika zu sprengen. Vier Jahre haben Brüssel und Pretoria um jeden Buchstaben dieses Vertrages gerungen; es sollte nach dem Ablauf der Lomé-Vereinbarungen – sie gewähren Entwicklungsländern besondere Handelspräferenzen – ein Zukunftsmodell für die Kooperation des reichen Europa mit dem armen Süden werden. Leitgedanke: Wirksame Hilfe durch freien Handel.
Doch vom ersten Verhandlungstag an ersetzten die Europäer ihre hehren Prinzipien durch schamlosen Protektionismus. Holländische Blumenzüchter, französische Winzer oder deutsche Obstbauern mussten vor der Konkurrenz aus Afrika geschützt werden. Hundert Ausnahmen, Sonderregelungen – Pretoria gab nach, um ein fragwürdig gewordenes Abkommen zu retten: Unter dem Strich bringt es dem Agrarriesen im Norden mehr als dem Fruchtzwerg im Süden.
Nun also Grappa. Kein Markenname, sondern ein Gattungsbegriff, so ubiquitär wie Espresso oder Pizza. Sagen die Erzeuger vom Kap. Aber die Italiener bleiben vorerst stur: ein Freihandelsabkommen für ein paar Flaschen Schnaps – armes Europa!

Die Zeit v. 13.01.2000

Wenn Sie Spaß daran gefunden haben, Ihren Wortschatz zu erweitern, versuchen Sie doch einmal, folgende Aufgaben (entnommen aus Kolb/Miltner 1998) zu lösen.

Übungen zur Erweiterung des Wortschatzes

1. Neue Wörter bilden
Bilden Sie aus den Buchstaben der folgenden beiden Wörter möglichst viele neue Wörter, mindestens jedoch 25. Die Buchstaben dürfen Sie in beliebiger Reihenfolge und Anzahl verwenden. Je Wort haben Sie drei Minuten Zeit.
a) Ludwigshafen: *(zum Beispiel Ei, ein ...)*
b) Weihnachten: *(zum Beispiel Wein, acht ...)*

2. Welches Wort ergibt sich?
Suchen Sie zu den folgenden Wörtern ein Schlüsselwort, das beide Begriffe beschreibt. Insgesamt haben Sie fünf Minuten Zeit.
Beispiel: Lauge / Resultat = Lösung
a) Dose / Gewehr =
b) Bergwerk / Schreibgerät =
c) Geld / Pflanze =
d) Verschluss / Palast =
e) Ausstrahlung / Übertragung =
f) Grundgesetz / Zustand =

3. Welches Wort passt nicht?
In den folgenden Begriffen steckt ein „Außenseiter". Suchen sie jeweils das Wort, das nicht passt. Sie haben zwei Minuten Zeit.
a) Buch, Zeitung, Brief, Papier
b) Auto, Fahrzeug, LKW, Roller
c) Frachter, Kutsche, Dampfer, Fähre
d) Aktie, Spritze, Zahn, spülen
e) Herz, Pumpe, Motor, Atmung

4. Ungeahnte Möglichkeiten
Denken Sie sich in drei Minuten aus, was Sie alles mit einem Autoreifen machen können, und notieren Sie Ihre Ideen auf einem Blatt Papier.

> **5. Unterschiedliche Bedeutungen suchen**
> Suchen Sie möglichst viele Hauptwörter, die verschiedene Bedeutungen haben. Sie haben fünf Minuten Zeit.
> Beispiel: Ente: falsche Zeitungsnachricht
>   Ente: Tier
>
> *Lösungen:*
> 2: a) Büchse b) Mine c) Moos d) Schloss e) Sendung f) Verfassung
> 3: a) Papier b) Fahrzeug c) Kutsche d) Aktie e) Atmung
> 4: Verwendungsmöglichkeiten könnten sein: Schaukel, Sitzmöbel, Stall für Kleintiere, Schlitten, Gymnastikgerät, Prellbock,....
> 5: Taube, Tor, Decke, Zug, Note, Bank, Tau, Blüte, Schicht, Lösung ...

Trainieren Sie Ihre Ausdrucksfähigkeit

Der Wortschatz allein macht noch keine gute Rednerin aus Ihnen. Ist Ihr Wortschatz auch noch so umfangreich: Sie müssen die Worte mit Bedacht wählen und sie im richtigen Sinnzusammenhang verwenden. Die Gestaltung der Sprache, also Ihre sprachliche Ausdrucksfähigkeit, ist ein ebenso wichtiges Kriterium wie ein großer aktiver Wortschatz. So wie Sie sich sprachlich ausdrücken, also wie es Ihnen gelingt, in Bildern zu sprechen, durch Reden Spannung und Abwechslung zu erzeugen, prägen Sie Ihren eigenen Redestil, der Ihnen einen unverwechselbaren Charakter verleiht.

Rhetorische Stilmittel verwenden

Ihre sprachliche Ausdrucksfähigkeit können Sie durch den Einsatz verschiedener Redefiguren stetig verbessern. Die Rhetorik kennt zahlreiche solcher Stilmittel (zum Folgenden vgl. Ditko/Eick/Mühlnickel 1999, Motamadi 1993). Hier werden allerdings nur diejenigen beschrieben, die sich einfach und wirkungsvoll im praktischen Sprachgebrauch einsetzen lassen.

Metapher (griechisch: Übertragung)

Die Redefigur der Metapher überbringt einen Inhalt, indem sie den Hörern ein inneres Bild vermittelt. Diese durch Metaphern erzeugten

Sprachbilder bleiben Ihren Zuhörer/-innen länger im Gedächtnis. Sie transportieren Inhalte und wirken fantasieanregend, abwechslungsreich und unterhaltsam.

Bevor Sie eine Metapher einsetzen, sollten Sie überprüfen, ob das Sprachbild passend ist und ob es mit Ihrem Redeziel übereinstimmt. Überlegen Sie auch genau, welche Gefühle Sie durch Ihre Metapher bei den Hörer/-innen auslösen könnten.
Beliebte Redefiguren sind Familien-, Schiffs- und Wegmetaphern:
Wir sind eine große Familie.
Das Boot soll den richtigen Kurs einschlagen.
Wir alle sitzen im selben Boot.
Bei dieser Umstrukturierung müssen wir mit Gegenwind rechnen.
Wir befinden uns auf dem Holzweg.
Bei der Angebotserweiterung steht das Licht auf Grün.
Wir haben in punkto Umbau freie Fahrt.

Anapher (griechisch: Beziehung)

Die Anapher basiert auf dem Prinzip der Wiederholung einzelner Worte, Wortgruppen oder ganzer Satzteile. Die Anapher erscheint meist als Dreiklang, wobei ein Element des Satzes mehrfach wiederholt wird. Durch diese rhythmische Wiederholung sticht die Anapher deutlich aus Ihrer Rede heraus und weckt die Aufmerksamkeit Ihrer Hörer.
Ein Beispiel für eine Anapher:
Wir sind bereit für neue Medien, wir sind bereit für neue Software, wir sind bereit für das Internet.
Es ist wichtig, im Team zusammenzustehen, es ist wichtig, gemeinsam die Teamentwicklung voranzutreiben, es ist wichtig, Entscheidungen gemeinsam zu treffen.

Klimax (griechisch: Treppe)

Die Klimax beinhaltet die Steigerung eines Wortes oder eines ganzen Satzteiles. Ausgehend von der schwächsten Beugung steigert sie die Begriffe hin zur stärksten Bedeutung des Wortes. Auch eine Umkehrung der Steigerung – vom stärksten zum schwächsten Wort – ist möglich. Diese Redefigur heißt Antiklimax.
Einige Beispiele für eine Klimax:
Eltern als Kunden zu betrachten war einst die Einstellung weniger, später die Ansicht vieler und ist heute eine Notwendigkeit für alle.

Die Bedingungen sind nicht nur gut, sondern sehr gut, um nicht zu sagen bestens.
Bei uns gibt es Reiche, weniger Reiche und Arme. (Antiklimax)

Ellipse

Das Stilelement der Ellipse lässt Teile des Satzes unvollendet und regt Ihre Gruppe so zu mehr Aufmerksamkeit und zum Mitdenken an. Sie lenken durch den unvollendeten Satz die Gedanken Ihrer Zuhörer/-innen in eine gewisse Richtung, denn diese werden den begonnenen Satz auf jeden Fall gedanklich zu Ende bringen. Auch die Werbung bedient sich häufig der Redefigur der Ellipse.
Beispiele für eine Ellipse:
Erst stirbt das Image …
Und ist der Ruf erst ruiniert …
Alle zwei Minuten. Irgendwo auf der Welt. Lufthansa. (Werbung)

Negatives positiv ausdrücken

Mit Ihrem gesprochenen Wort können Sie Stimmungen heraufbeschwören oder Gegenstimmen unterdrücken. Denn Worte können angreifen, suggerieren, ironisieren und moralisieren. Deshalb ist es äußerst wichtig, dass Sie sich für Ihre Rede und auch für anschließende Fragerunden oder Diskussionen vergegenwärtigen, welche Redewendungen Ihr Publikum erschrecken oder gegen Sie aufbringen könnten.

Vermeiden Sie Formulierungen wie …	Besser sagen Sie …
Da haben Sie mich aber falsch verstanden!	Ich habe mich missverständlich ausgedrückt.
Hier gebe ich nochmals zu bedenken …	Denken Sie auch daran …
Beachten Sie unbedingt …	Wenn Sie diesen Aspekt berücksichtigen …
So habe ich das aber nicht gemeint!	Ich bin der Meinung, dass …
Wollen Sie etwa behaupten, dass …	Verstehe ich Sie richtig, …
Das ist ja völlig falsch!	Das ist aus Ihrer Sicht sicherlich richtig, allerdings …

Optimieren Sie Stimmeinsatz und Sprechtechnik

Die Stimme gehört mit zu den bedeutendsten körpersprachlichen Ausdruckstechniken. Bedenken Sie stets: Ihre Stimme ist während der Rede Ihr wichtigstes dramaturgisches Stilmittel. Häufig liegen gerade bei der eigenen Stimme und der Sprechtechnik Selbst- und Fremdeinschätzung weit auseinander. Deshalb ist es so wichtig, sich einmal mit den Grundlagen der Sprechtechnik vertraut zu machen.

Die Sprechtechnik setzt sich zusammen aus (zum Folgenden vgl. Gröschel 1994, Ruhleder 1998):
- Atem
- Redepausen
- Sprechtempo
- Aussprache
- Artikulation
- Stimme und Stimmmodulation

Die Vorteile einer guten Atemtechnik

Günstig für Sie als Redner/-in ist es, wenn Sie lang und tief ein- und ausatmen. Diese Atmung verhilft Ihnen zu Entspannung und Konzentration. Wenn Sie Ihre Rede beginnen, sollten Sie unmittelbar vor dem Sprechen noch einmal tief und bewusst ausatmen und mit dem nächsten Einatmen dann langsam zu sprechen beginnen.
Beim Sprechen sollte die Atmung nicht bemerkt werden. Achten Sie darauf, Ihren Satz in logische Pausen zu untergliedern und nicht mit letzter Atemkraft bis zum Ende der Ausführung zu sprechen, um dann entkräftet nach Luft zu schnappen.

Durch die Modulation Ihrer Stimme übermitteln Sie Stimmung.

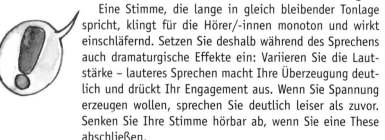

Eine Stimme, die lange in gleich bleibender Tonlage spricht, klingt für die Hörer/-innen monoton und wirkt einschläfernd. Setzen Sie deshalb während des Sprechens auch dramaturgische Effekte ein: Variieren Sie die Lautstärke – lauteres Sprechen macht Ihre Überzeugung deutlich und drückt Ihr Engagement aus. Wenn Sie Spannung erzeugen wollen, sprechen Sie deutlich leiser als zuvor. Senken Sie Ihre Stimme hörbar ab, wenn Sie eine These abschließen.

Der Ton macht die Musik: Wissenswertes über die Stimmlage

Eine tiefe Stimme wird von den Zuhörern als angenehmer und überzeugender empfunden. Untersuchungen belegen, dass Menschen mit tiefer Stimme als sachkundiger und kompetenter beurteilt werden (Gröschel 1994). Nun macht es keinen Sinn, die Stimme zu verstellen oder deshalb das Reden Menschen mit tiefen Stimmen zu überlassen. Jede Person hat eine bestimmte Tonhöhe, in der sie kräftig und laut artikulieren und die Lautstärke zur Betonung noch etwas anheben kann, ohne dass die Stimme sich überschlägt. In dieser Tonhöhe ist es möglich, lange Zeit ohne merkliche Anstrengung zu sprechen. Diese Stimmlage sollten Sie auch während Ihrer Rede beibehalten.

Achten Sie auf Sprechtempo und Pausen!

Häufig führt die Aufregung vor einer Rede dazu, dass die Vortragende während der Rede möglichst schnell spricht, weil sie sie rasch hinter sich bringen will. So bleiben bei den Zuhörer/-innen wichtige Informationen auf der Strecke, weil Sie in der Kürze der Zeit gar nicht aufgenommen und verarbeitet werden können. Die Redepause ist ein gelungenes rhetorisches Mittel, das Sie sich aneignen sollten. Immer dann, wenn Sie den geschriebenen Text mit einem Absatz gliedern würden, können Sie bei Ihrer Rede eine gezielte Sprechpause halten. Durch Pausen strukturieren Sie Ihre Rede. Genauso gut können Sie wichtige Thesen durch eine Sprechpause unterstreichen. Probieren Sie einmal aus, wie Sie durch eine bewusst eingesetzte Pause Spannung und Neugierde bei Ihren Zuhörer/-innen erzeugen können! Sprechpausen sind auch dafür geeignet, den Blickkontakt zur Gruppe zu intensivieren. Lächeln Sie in einer Sprechpause, und beobachten Sie immer, wie Ihr gesprochenes Wort von der Gruppe aufgenommen wird.

Körpersprache: Was tut Ihr Körper, während Sie reden?

Die Botschaft nonverbaler Signale

Wenn Sie vortragen, werden Sie von den Menschen, die Ihnen zuhören immer ganzheitlich wahrgenommen: Also mit Ihrer Stimme, den Inhalten, die Sie äußern und als Person. Denn auch Ihr Körper „spricht" mit, indem er Signale aussendet. Ob Sie sprechen oder nicht, Sie kommunizieren permanent. Watzlawick (1975) bemerkt dazu, dass es unmöglich ist, nicht zu kommunizieren. Der Mensch kommuniziert ständig auf zwei Ebenen. Die erste ist die inhaltliche, gedanklich gesteuerte Sachebene; die zweite ist die gefühlsmäßig und körpersprachlich gelenkte Beziehungsebene. Je größer der Einklang zwischen diesen beiden Kommunikationsebenen ist, desto authentischer wirkt Ihre Rede auf die Zuhörer/-innen.

> *„Wie tief ist doch die Menschheit gesunken!*
> *Man hat den Körper zum Schweigen gebracht,*
> *nur der Mund redet noch.*
> *Aber was kann der Mund schon sagen?"*
> Nikos Kazantzakis

Die Körpersprache setzt sich zusammen aus (Gelb 1998, Pink 1997)
- Körperhaltung und Bewegung
- Gestik
- Blickkontakt und Mimik
- Stimme

Die Sprache des Körpers wird von den Zuhörer/-innen – wenn auch unbewusst – ständig interpretiert. Die Interpretationen gründen auf Erfahrungswerten, die jeder Mensch kulturabhängig im Laufe seines Lebens erwirbt.

Forschungen belegen Erstaunliches. Der Erfolg und die Wirkung eines Vortrags hängen zu 55 Prozent von Körperhaltung, Gestik und Blickkontakt ab, zu 38 Prozent vom Klang der Stimme und zu bescheidenen 7 Prozent vom Inhalt der Rede (Gelb 1998, S. 155).

Einfluss von Körper, Stimme und Inhalt beim Vortrag

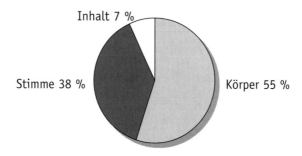

Die folgende Übersicht zeigt, welche Bedeutungen Körpersignalen in unserer Gesellschaft in der Regel zugeordnet werden (Pink 1997).

Haltung und Bewegung, Gestik und Mimik

Bewahren Sie Haltung

Durch Ihre Körperhaltung können Sie die Wirkung Ihres Vortrages ganz entscheidend beeinflussen (Ditko/Eick/Mühlnickel 1999, Gelb 1998). Versuchen Sie Ihre Rede oder Ihren Vortrag stehend zu halten. Achten Sie dabei auf eine gerade, aufrechte Haltung Ihres Körpers. Stehen Sie dabei am besten mit beiden Beinen leicht gespreizt da. Dieser Stand vermittelt Ihnen Ruhe und Sicherheit. Vermeiden Sie es, durch Nervosität bedingt immer wieder vom rechten Standbein auf das linke Standbein zu wechseln. Diese Haltung wirkt auf Ihre Zuhörer/-innen, als würden Sie hin- und herschwanken.

Durch Ihre Bewegungen können Sie die Gruppe, vor der Sie sprechen, entweder zusätzlich motivieren oder auch ablenken und gegen sich aufbringen. Hektisches Herumlaufen verwirrt die Gruppe und lenkt sie ab. Bewegen Sie sich jedoch gezielt, ruhig und passend zu dem jeweiligen Gesprächsinhalt auf Ihre Gruppe zu und wechseln Sie gelegentlich von der Mitte zur rechten oder linken Seite, wirkt dies belebend und unterstützt in stimmiger Weise die Inhalte Ihrer Rede.

Gestik: Kopf, Hände und Arme sprechen lassen

Die Gestik meint die Bewegungen des Kopfes, der Hände und Arme. Beschränken Sie sich während des Redens auf natürliche und authentische Gesten. Antrainierte Bewegungen wirken immer unecht und unglaubwürdig. Unterstützen Sie Ihre Rede jedoch mit passenden Gesten, wirken sie wie eine Unterstreichung Ihrer Worte.
Allerdings: Mit dem Zeigestab oder Stift herumspielen, die Hände in den Hosen- oder Jackentaschen vergraben, die Haare immer wieder hinter das Ohr stecken oder mit den Fingern auf der Tischplatte trommeln – all dies sind keine Gesten, sondern schlechte Gewohnheiten, die Sie während einer Rede vermeiden sollten.

Die Interpretation von Gesten

- Die offene Hand (Handinnenflächen zeigen nach oben und alle Finger der Hand sind gerade ausgestreckt) ist ein Zeichen der Offenheit und des Vertrauens. Mit beiden Händen ausgeführt bedeutet dies die Darbringung eines Geschenkes.
- Die offene Hand, bei der der Handrücken zur Gruppe zeigt, signalisiert Abwehr, Ablehnung oder sie zeigt eine deutliche Grenze auf.
- Die geballte Faust in der Rede ist ein ummissverständliches Zeichen für Kampfeslust, Entschlossenheit und Stärke.
- Der nach oben gestreckte Daumen steht heute als Ermutigung und als Ausdruck für „gut gemacht".
- Der ausgestreckte Zeigefinger weist in Schranken, belehrt und bedroht. Er drückt aggressives und autoritäres Verhalten aus. Den ausgestreckten Zeigefinger sollten Sie aus diesen Gründen aus Ihrem Gestenrepertoire streichen.

*Es gibt Augenblicke,
wo einen der Gesichtsausdruck eines anderen
weit schneller über den Ernst einer Situation belehrt,
als es die eigene Einsicht vermag.*
Fred Unger

Durch Mimik und Blickkontakt die Gruppe leiten

Auch für die Mimik während der Rede gilt: Sie sollte möglichst natürlich sein und zu den Inhalten Ihres Vortrages passen. Vergessen Sie nicht, in der angespannten Situation Ihren Hörer/-innen gelegentlich freundlich zuzulächeln. Dies macht Sie noch viel sympathischer.

Während der gesamten Redezeit sollten Sie den Kontakt zur Gruppe nicht abreißen lassen. Den Kontakt stellen Sie über die Augen her und halten ihn dauernd aufrecht. Von Ihrem Blickkontakt fühlen sich die einzelnen Teilnehmer/-innen persönlich angesprochen. Insgesamt erhöhen Sie die Aufmerksamkeit aller Zuhörer/-innen, wenn Sie während Ihrer Rede die Gruppe nicht aus den Augen verlieren. Lassen Sie Ihre Blicke umherschweifen, vernachlässigen Sie jedoch keinen Teil der Gruppe, indem Sie nur zu einer Hälfte blicken. Unterliegen Sie jedoch auch nicht der Versuchung, einer einzigen Zuhörer/-in in die Augen zu blicken und Ihre Rede nur für sie zu halten.

Redeangst: Der ganz normale Stress vor Ihrem Vortrag

Auch erfahrenste Redner und berühmte Schauspieler kennen Sie gut – die Angst, die bei den meisten Menschen da ist, wenn Sie vor einer Gruppe sprechen. Redeangst ist also eine ganz normale menschliche Reaktion, die durchaus auch Vorteile mit sich bringt. Durch die Angst wird Ihr Körper angeregt, vermehrt Adrenalin zu produzieren. Dieses Stresshormon kann bei Ihnen ungeahnte Kräfte freisetzen und wirkt deutlich auf Ihre Empfindungen: Ihre Eigenwahrnehmung ist vor und während Ihrer Rede hochsensibel. Kleine Versprecher, Missgeschicke, leichtes Zittern der eigenen Stimme während Ihrer Rede fallen mit Sicherheit nur Ihnen selbst auf, die Zuhörer/-innen werden dies kaum bemerken. Genauso ist es mit der Angst: Sie können ganz beruhigt sein, niemand sieht sie Ihnen an. Sie werden viel besser aussehen als Sie sich fühlen.

Redeangst erhöht gleichzeitig Aufmerksamkeit und Konzentration des Sprechenden.
Die Redeangst, die Sie vielleicht als innere Anspannung empfinden, verhilft Ihnen auch zu höchster Aufmerksamkeit und Konzentration während Ihres Vortrages. Verwenden Sie diese Energie dazu, Ihre Rede auf Ihr Redeziel hin maßzuschneidern und konzentrieren Sie sich auf Ihre Gruppe und deren Bedürfnisse. Selbst wenn Ihnen in der Aufregung einmal ein Malheur passieren sollte, macht Sie das wahrscheinlich in den Augen der Gruppe Zuhörer nur menschlicher. Die meisten Zuhörer/-innen tendieren dahin, dem Vortragenden bei auftretenden Schwierigkeiten spontan helfen zu wollen.

Der gesteigerte Adrenalinpegel in Ihrem Körper wirkt auch direkt auf Ihr Zeitempfinden. Es wird Ihnen so vorkommen als würde die Zeit während Ihrer Rede viel schneller vergehen als sonst. So glauben Redner/-innen häufig nach dem eigenen Vortrag, er wäre äußerst kurz gewesen. Lassen Sie sich von Ihrem subjektiven Zeitempfinden während des Sprechens nicht täuschen. Beachten Sie immer Ihre zeitlichen Vorgaben und halten Sie sich auch daran.

So begegnen Sie dem Lampenfieber

Es gibt zahlreiche Tipps und Ratschläge, mit denen Sie Ihre Redeangst sicher in den Griff bekommen. Die folgenden Hinweise helfen Ihnen, Ihre Redeangst in selbstsicheres Auftreten und Konzentration umzuwandeln (Ruhleder 1998, Gelb 1998).

Ihre intensive Vorbereitung ist die halbe Miete:
Setzen Sie immer auf eine gute Vorbereitung Ihres Themas. Dadurch können Sie sich sicher sein: Sie verfügen über die nötige Fachkompetenz, Sie kennen Ihr Redeziel und Ihr Stichwortkonzept wird Ihnen als zusätzliche Sicherheit dienen.

Stimmen Sie sich positiv auf die Rede ein:
Lassen Sie nur aufbauende Gedanken zu. Vermeiden Sie, an alles zu denken, was Sie jetzt noch zusätzlich beunruhigen würde. Stellen Sie sich also kein Horrorszenario vor, indem Sie gedanklich all das heraufbeschwören, was schlimmstenfalls während einer Rede alles schief gehen könnte.

Freuen Sie sich auf Ihre Gruppe! Sie gibt Ihnen die Gelegenheit, Ihre Inhalte vorzutragen. Denken Sie immer daran: Die Menschen sind gekommen, um Neues von Ihnen zu erfahren und nicht, um Sie scheitern zu sehen.

Wählen Sie passende Kleidung:

Entscheiden Sie sich für Kleidung, die Ihrem Redethema und Ihrem Zuhörerkreis angemessen erscheint. Sie sollten sich in Ihrem Outfit wohl fühlen und bedenken, dass auch ein gepflegtes Äußeres Ihnen ein großes Stück Sicherheit vermitteln wird.

Lassen Sie Ihr Perfektionsdenken zu Hause:

Streben Sie nicht nach Perfektion. Ihre Zuhörer/-innen erwarten keine Perfektionistin. Auch wenn Sie einen Satz nicht zu Ende bringen oder der Overheadprojektor nicht sofort funktioniert, ist dies kein Unglück. Kleine Schwächen findet Ihre Gruppe durchaus sympathisch.

Achten Sie auf die letzten zehn Minuten:

Vermeiden Sie in den letzten Minuten vor Ihrer Rede alles, was Sie jetzt beunruhigen könnte. Beruhigen Sie sich, indem Sie sich Mut zusprechen. Wählen Sie dabei unbedingt positive Formulierungen. Sagen Sie sich: *„Ich bin vorbereitet. Alles wird gut gehen. Die Rede wird mir gelingen."* Sie verstärken Ihre Nervosität, wenn Sie sagen: *„Wenn bloß nichts schief geht. Hoffentlich stellt niemand eine Frage."*

Wichtig ist der lange Atem:

Atmen Sie vor Ihrer Rede nochmals ganz bewusst und besonders tief ein und aus. Diese langen Atemzüge sorgen einerseits dafür, dass Ihr Blutkreislauf und Ihr Gehirn mit ausreichend Sauerstoff versorgt werden und zum anderen wirkt das bewusste Atmen beruhigend auf Sie.

Zusätzlich können Sie die letzen zehn Minuten vor Ihrer Rede damit verbringen, sich „Aufzuwärmen" und Ihr Lampenfieber in Energie umzuwandeln (zum Folgenden vgl. Lodes 1991). Voraussetzung für die Aufwärm-Übungen ist, dass Sie zehn Minuten ungestört und möglichst alleine in einem Raum verbringen können.

Übungen zum Aufwärmen vor der Rede

Trainieren Sie Ihre Augen:
- Ziehen Sie mit Ihrem Zeigefinger oder mit einem Kugelschreiber eine liegende Acht vor Ihrem Gesicht. Starten Sie mit einer sehr kleinen liegenden Acht, die immer größer wird. Verfolgen Sie die Bewegung erst mit einem, dann mit dem anderen und schließlich mit beiden Augen.
- Halten Sie sich einen kleinen Gegenstand ganz nahe an ein Auge. Entfernen Sie den Gegenstand in horizontaler Richtung von Ihrem Auge und lassen Sie ihn dann wieder langsam auf das Auge zuwandern. Fixieren Sie den Gegenstand zunächst mit einem und dann mit dem anderen Auge.

Lockern Sie Ihre Gesichtsmuskeln:
- Schneiden Sie alle Grimassen, die Ihnen gerade einfallen.
- Kneifen Sie Ihr Gesicht zusammen und legen Sie Ihre Stirn in Falten.
- Öffnen Sie leicht Ihren Mund und massieren Sie mit beiden Händen Ihre Wangenknochen. Beginnen Sie dabei in Höhe Ihres Ohrläppchens und streichen Sie mit fester Bewegung in Richtung Ihres Kinns.

Üben Sie das Atmen:
- Setzen Sie sich bequem hin. Hören Sie einige Minuten in sich hinein und achten Sie vor allem darauf, wie Sie einatmen und der Atem wieder aus Ihrem Körper fließt.
- Atmen Sie einige Male hintereinander ein und aus, wobei Sie bei jedem Atemzug etwas tiefer einatmen.

Tönen Sie herum:
- Heben und senken Sie Ihren Unterkiefer und sprechen Sie dabei: „ja-ja-ja-ja-ja-ja-ja-ja-ja"
- Klopfen Sie mit Ihrem Zeigefinger schnell auf Ihre Nasenflügel und lassen Sie diese Klopfmassage langsam höher wandern, bis hin zur Nasenwurzel. Legen Sie eine kurze Pause ein.

- Nun starten Sie die gleiche Übung und sprechen dabei laut das nasale „n-n-n-n-n-n-n-n".
- Strecken Sie sich und gähnen Sie mit geschlossenem Mund. Durch diese Übung weiten Sie den hinteren Rachenraum.
- Öffnen Sie Ihren Mund und gähnen Sie laut.
- Summen oder Singen Sie die Tonleiter hinauf und hinunter.

Machen Sie Ihrem Kreislauf Beine:
- Legen Sie sich auf den Rücken. Verschränken Sie Ihre Hände hinter dem Kopf. Heben Sie nun den Kopf und drücken ihn gleichzeitig fest gegen Ihre Hände. Halten Sie den Widerstand einige Sekunden lang, bevor Sie den Kopf wieder sinken lassen.
- Stehen Sie aufrecht. Strecken Sie Ihren Körper und dehnen Sie sich dabei. Stellen Sie sich dabei vor, an Ihrem Scheitel sei ein breites Band befestigt, von dem Sie nun in die Höhe gezogen werden.
- Schütteln Sie Ihre Hände und Füße kräftig aus.
- Neigen Sie Ihren Kopf leicht nach vorne und massieren Sie Ihre Schulter-Nackenpartie.
- Massieren Sie mit kreisender, leichter Bewegung Ihre Stirn, Ihre Schläfen, Ihre Wangenknochen und etwas heftiger Ihre Ohrläppchen.
- Joggen Sie eine Minute lang auf der Stelle.

Wie Sie mit Störungen umgehen können

Störungen – das wissen Sie sicher aus Ihrer eigenen Schulzeit – kommen beim Präsentieren und Vortragen immer wieder einmal vor. Meist stört der Einzelne aus der Gruppe nicht bewusst, und gelegentlich wird die Störung auch nur von Ihnen als vor der Gruppe Sprechende als solche erlebt. Dennoch ist es ungeheuer wichtig, bereits im Vorfeld über eventuelle Störungen nachzudenken und sich auch einige Reaktionsweisen dafür zurechtzulegen. Nichts wäre schlimmer, als dass Sie sich durch eine Störung aus Ihrem wohl überlegten Konzept bringen ließen und den roten Faden immer wieder verlieren würden.

Störungen sind auf verschiedene Ursachen zurückzuführen (Ruhleder 1998). Störungen können verursacht werden durch
- einzelne Teilnehmer/-innen,
- die gesamte Gruppe,
- die vortragende Person,
- die Technik.

Störungen durch einzelne Teilnehmer

Oft kommt es vor, dass einzelne Teilnehmer Ihre Rede durch unterschiedliche Verhaltensweisen stören. Wie können Sie in diesen Fällen jeweils intervenieren?

Teilnehmer/-innen führen Nebengespräche.

✶ Ignorieren Sie das Verhalten, wenn es Sie und die Gruppe nicht weiter stört.

✶ Halten Sie kurz mit Ihrer Rede inne und schauen Sie die betreffenden Teilnehmer/-innen an.

✶ Sprechen Sie etwas lauter als bisher und blicken dabei zu den Störenden.

✶ Sprechen Sie die Teilnehmer/-innen direkt an und sagen Sie, dass die Nebengespräche auf Sie sehr störend wirken.

Teilnehmer/-innen spielen sich durch Zwischenfragen in den Vordergrund.

✶ Legen Sie gleich zu Beginn Ihrer Rede die Regeln fest, indem Sie der Gruppe zusagen, Verständnisfragen während des Vortrags zu klären. Fragen und Anmerkungen zu den Inhalten können im Rahmen einer anschließenden Diskussions- oder Fragerunde aufgenommen werden.

✶ Sehen Sie jedoch zu, dass Sie Ihre Aufmerksamkeit nicht nur einzelnen Teilnehmer/-innen widmen, die mit permanenten Wortbeiträgen auffallen wollen. Stellen Sie solche Teilnehmer/-innen einmal in den Mittelpunkt, indem Sie sie für Ihr Engagement loben. Danach können Sie die Gruppe direkt ansprechen und zur Beteiligung aktivieren.

Teilnehmer/-innen bringen sehr lange Redebeiträge.
- Bitten Sie die Teilnehmer, die sehr lange Ausführungen oder Fragestellungen beisteuern, die zentralen Aussagen des Beitrages oder der Frage nochmals kurz zu umreißen.
- Fragen Sie, ob es sich bei dem Beitrag um eine Feststellung oder um eine Frage handelt.

Teilnehmer/-innen argumentieren unsachlich oder äußern Killerphrasen.
- Wenn Sie sicher sind, dass die Gruppe hinter Ihren Ausführungen steht, können Sie getrost die Äußerung an die Gruppe zurückspielen und fragen, welche Einstellung die anderen Teilnehmer/-innen dazu haben.
- Wenden Sie die „Ja aber-Methode" an: Sie stimmen der Äußerung scheinbar zu, formulieren anschließend jedoch Ihre eigene Meinung dazu. Sagen Sie beispielsweise: *„Natürlich können Sie das so betrachten, allerdings ..." „Das ist aus Ihrer Sicht heraus sicherlich richtig, obwohl ..." „Wenn Sie die Sache so betrachten, gebe ich Ihnen völlig recht, wenngleich ..."*
- Äußern Teilnehmer/-innen eine Killerphrase *(„dafür haben wir zuwenig Personal" – „worum sollen wir uns noch kümmern" – „dafür sind andere zuständig" – „für solche Leistungen werde ich nicht bezahlt")*, sagen Sie freundlich, dass die Gruppe nicht weiterkommt, wenn Sie sich nur damit beschäftigt, was nicht möglich ist, und dass Sie lieber darüber sprechen würden, was alles geht.

Teilnehmer/-innen konkurrieren mit Ihnen.
- Dies ist eine der schwierigsten Situationen der Gesprächsführung, wenn einzelne Zuhörer/-innen beweisen wollen, dass sie es mit Ihnen aufnehmen können und über das Thema mindestens genauso gut Bescheid wissen.
- Bewahren Sie Haltung und lassen Sie sich auf keinen Fall darauf ein, mit solchen Teilnehmer/-innen um die Gunst der Gruppe zu konkurrieren.
- Wenden Sie die „Ja aber-Methode" an.

✳ Stellen Sie das entsprechende Gruppenmitglied einmal deutlich in den Mittelpunkt und sagen ihm, wie gut es über das Thema informiert ist.

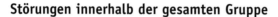

✳ Sagen Sie, dass Sie die angeführten Aspekte und Einwände auch für interessant halten, dies jedoch vom eigentlichen Vortrag, der für die gesamte Gruppe geplant wäre, wegführen würde.

✳ Machen Sie öffentlich das Angebot, die interessanten Einzelheiten in der Pause zu besprechen.

Störungen innerhalb der gesamten Gruppe

Manchmal beziehen sich Störungen auf die gesamte Gruppe, wie die folgenden Beispiele zeigen. Auch hier sind Sie nicht hilflos ausgeliefert, sondern können gezielt reagieren.

Konzentration und Aufmerksamkeit lassen nach und Unruhe macht sich in der Gruppe breit.

✳ Versuchen Sie, Ihre Rede lebendiger zu gestalten.

✳ Setzen Sie die Modulation Ihrer Stimme gekonnt ein, indem Sie lauter, leiser, langsamer, schneller sprechen.

✳ Halten Sie eine gezielte Sprechpause.

✳ Erzeugen Sie Neugierde: Kündigen Sie einen Höhepunkt in Ihren Ausführungen an, der bald folgen wird.

✳ Aktivieren Sie die Gruppe durch Fragen.

✳ Setzen Sie verstärkt Gestik und Mimik ein.

✳ Lockern Sie Ihren Beitrag mit Humor oder einem Beispiel auf.

✳ Legen Sie – wenn es Ihre Zeit erlaubt – eine Pause ein und lüften Sie den Raum gut durch.

Teilnehmer/-innen aus der Gruppe stören durch Zwischenrufe.

✳ Vereinzelte Zwischenrufe sollten Sie ignorieren. Treten allerdings vermehrt Zwischenrufe auf, sind Sie gezwungen, zu reagieren.

✳ Kontern Sie mit einer humorvollen, schlagfertigen Reaktion.

- Lassen Sie den betreffenden Teilnehmer entscheiden, ob seine Äußerung von allgemeinem Interesse ist.
- Reagieren Sie direkt und fragen Sie sofort nach, wie der Kommentar zu verstehen sei.
- Sprechen Sie vor einer großen Gruppe, können Sie vor Ihrer Rede vereinbaren, dass die Teilnehmer/-innen bei eigenen Redebeiträgen aufstehen oder ans Mikrofon treten, um von der gesamten Gruppe besser verstanden zu werden. Diese Vereinbarung fängt einen Großteil der Zwischenrufe von vornherein ab.

Teilnehmer/-innen kommen zu spät.
- Begrüßen Sie verspätete Teilnehmer/-innen nicht namentlich. Ein kurzer Blickkontakt oder ein Kopfnicken, das signalisiert, dass Sie das Eintreten bemerken, genügt.
- Finden verspätete Teilnehmer/-innen nicht sofort einen Sitzplatz, weisen Sie mit einer Handbewegung kurz in Richtung eines freien Platzes.
- Machen Sie sich nie auf Kosten Einzelner lustig und vermeiden Sie unbedingt Äußerungen wie etwa: *„Jetzt scheinen auch die Letzten zu uns gefunden zu haben."*

Teilnehmer/-innen gehen früher.
- Fragen Sie nicht nach dem Grund des verfrühten Aufbrechens, niemand muss sich rechtfertigen.
- Verabschieden Sie die Teilnehmer/-innen durch Blickkontakt.
- Sind Sie darüber informiert, dass mehrere Teilnehmer/-innen zu einer gewissen Zeit verfrüht aufbrechen, sprechen Sie die Situation an. Melden Sie der Gruppe zurück, dass die Teilnehmer/-innen beispielsweise aufgrund ungünstiger Zugverbindungen gehen müssen. Wenn die Zeit ausreicht, können Sie eine kurze Pause in Ihrem Vortrag einlegen.

Störungen durch die vortragende Person

Bisweilen gehen Störungen auch von Ihrer eigenen Person aus, wenn Sie beispielsweise den roten Faden Ihrer Rede verlieren. Was können Sie in solchen Fällen tun?

Sie lassen versehentlich einen Gliederungspunkt aus.
✻ Führen Sie die begonnenen Gedanken zu Ende und liefern Sie den ausgelassenen Gliederungspunkt nach.
✻ Ist die Gliederungschronologie unterbrochen, wiederholen Sie nochmals kurz den vorherigen Punkt und reichen dann den Vergessenen nach.

Ein zentrales Wort, ein wichtiger Begriff fällt Ihnen nicht ein.
✻ Sprechen Sie langsamer, wiederholen Sie den letzten Satz.
✻ Setzen Sie ein Synonym ein.
✻ Suchen Sie ein weniger passendes, jedoch ähnliches Wort.
✻ Umschreiben Sie das Wort, das Ihnen fehlt.

Sie bleiben stecken und wissen nicht mehr weiter.
✻ Gewinnen Sie Zeit, um nachzudenken, indem Sie langsamer sprechen.
✻ Wiederholen Sie den letzten ausgeführten Aspekt nochmals.
✻ Richten Sie eine Zwischenfrage an die Gruppe.
✻ Legen Sie – wenn möglich – eine kurze Pause ein und studieren Sie Ihren Stichwortzettel.
✻ Lassen Sie den Aspekt weg.
✻ Geben Sie zu, dass Sie den Faden verloren haben und fahren Sie mit dem nächsten Gedanken fort.

Medientechnische Störungen
✻ Minimieren Sie das Risiko einer technischen Störung, indem Sie sich vor der Rede stets überzeugen, ob alle technischen Medien, die Sie nutzen wollen, einwandfrei funktionieren.
✻ Erkundigen Sie sich vorher, ob Ersatzgeräte zur Verfügung stehen.
✻ Bringen Sie in Erfahrung, wer im Ernstfall für die Technik zuständig ist.
✻ Nehmen Sie technische Störungen mit Humor!
✻ Legen Sie eine kurze Pause ein und beheben Sie kleinere Störungen selbst.

- Ist die Panne nicht behebbar, zeigen Sie sich flexibel: Visualisieren Sie Kernaussagen am Flipchart oder an der Pinnwand.
- Bitten Sie jemanden aus dem Zuhörerkreis, wichtige Folien für die Gruppe zu kopieren. Reichen Sie die Kopien als Handout.

Die Nachbereitung Ihrer Rede – eine Chance zur kontinuierlichen Verbesserung

Die Nachbereitung einer Rede, eines Vortrags oder einer Präsentation (Ruhleder 1998, Gelb 1998) ist zunächst einmal Arbeit und Mühe, die häufig unterbleibt, weil sie keinen primären Einfluss auf die Rede hat. Ihr Vortrag ist vorbei, warum sollten Sie sich also nochmals damit belasten? – Aus einem ganz einfachen Grund: Die Nachbereitung beeinflusst zwar die vergangene Präsentation nicht mehr – aber jede Ihrer folgenden Reden! Nehmen Sie die Nachbereitung einer Rede als Chance, sich ständig zu verbessern.

Eine Redenachbereitung besteht aus drei Teilen:
- das Feedback der Teilnehmer/-innen
- die Selbstbeurteilung des Vortragenden
- das Resümee der Rednerin

Das Feedback der Zuhörer/-innen

Zum Teil erleben Sie das Feedback der Teilnehmer vielleicht schon, wenn Sie während einer Pause oder am Ende des Vortrags Stimmen der Zuhörer/-innen „einfangen". In einem kleineren Kreis – denken Sie hier an eine Teambesprechung, in der Sie ein kurzes Statement zu einem gewissen Thema vertreten haben oder an eine Elternbeiratssitzung, in der Sie Teile der Konzeption vorstellten, ist es sicherlich gut möglich, die Gruppe um eine kurze Rückmeldung zu bitten.

Ebenso gut können Sie auch jemanden aus dem Kreis der Gruppe bitten, Ihnen nach Ihrer Präsentation ein kritisches Feedback zu geben. Nach einer Vorstandssitzung oder einer Mitgliederversammlung, in der Sie allen anwesenden Eltern und Mitgliedern Ihrer Einrichtung Ihr neues Leitbild vorstellten, kann ein Teammitglied Ihres Vertrauens sein Urteil über Ihre Präsentation abgeben.

Damit die Beurteilung nicht zu sehr dem Zufall überlassen ist, könnten Sie den folgenden Feedbackbogen verwenden. Betrachten Sie die konstruktive Kritik der Gruppe nicht als Last, sondern als Geschenk!

Feedbackbogen für Zuhörer/-innen

Beurteilen Sie die Rednerin anhand der nun aufgeführten Kriterien, indem Sie die zutreffende Kategorie ankreuzen. Nutzen Sie dabei die angegebene Skala, die sich am Prinzip der Schulnoten 1 (sehr gut) bis 6 (ungenügend) orientiert.

1. Die Stimme der Rednerin (Klang, Lautstärke, Artikulation, Sprechtempo) fand ich:

| ansprechend | 1 | 2 | 3 | 4 | 5 | 6 | langweilig |

2. Die Sprache (Wortwahl, Sprachstil, Abwechslung, Beispiele) empfand ich als:

| abwechslungsreich | 1 | 2 | 3 | 4 | 5 | 6 | eintönig |

3. Mimik, Gestik und Körpersprache waren:

| ausdrucksvoll | 1 | 2 | 3 | 4 | 5 | 6 | kaum vorhanden |

4. Insgesamt machte die Rednerin auf mich folgenden Eindruck:

sicher | 1 | 2 | 3 | 4 | 5 | 6 | unsicher

5. Den Aufbau des Vortrags erlebte ich als:

strukturiert | 1 | 2 | 3 | 4 | 5 | 6 | unstrukturiert

6. Der Einstieg in das Thema wirkte auf mich:

spannend | 1 | 2 | 3 | 4 | 5 | 6 | langweilig

7. Die Inhalte wurden sach- und fachkompetent vermittelt:

ja | 1 | 2 | 3 | 4 | 5 | 6 | nein

8. Das Vortragsende war:

abrundend, zusammenfassend | 1 | 2 | 3 | 4 | 5 | 6 | abrupt

9. Die eingesetzten Medien (Folien, Dias ...) waren einprägsam, sie trugen zum besseren Verständnis bei:

ja | 1 | 2 | 3 | 4 | 5 | 6 | nein

Selbstbeurteilung

Ihre eigene Nachbereitung und das Resümee, das Sie daraus ziehen, werden wesentlich zur Verbesserung Ihrer Präsentations- und Vortragstechnik beitragen. *„Reden lernt man nur durch reden"*, dieser Ausspruch von Cicero ist sicherlich klug gewählt. Allerdings werden Sie erfolgreicher sprechen, wenn Sie nach jeder Rede Ihr eigenes Urteil und das Fremdfeedback abgleichen und die gewonnenen Erfahrungen in künftige Ansprachen einfließen lassen. Eine Hilfe für Ihre Selbstbeurteilung kann der gegenüberliegende Fragebogen sein.

Zusammenfassung:
Tipps und Hinweise, damit Ihre Rede gelingt

Vor dem Vortrag
- Probieren Sie Ihren Vortrag zuhause einmal aus.
- Versuchen Sie, möglichst frei zu sprechen.
- Lernen Sie den Einstieg auswendig.
- Wählen Sie angemessene Kleidung, in der Sie sich wohl fühlen.
- Bereiten Sie in aller Ruhe Ihr Manuskript nochmals vor.
- Überprüfen Sie Ihr zusätzliches Material (Folien, Poster ...).
- Prüfen Sie den Raum und die Technik – wenn möglich bereits einige Tage vorher.
- Vermeiden Sie vor Ihrer Rede alles, was Sie zusätzlich stressen könnte.

Während des Vortrages
- Fangen Sie pünktlich mit Ihrem Vortrag, Ihrer Rede an.
- Blicken Sie zuvor in die Runde Ihrer Zuhörer und lächeln Sie diese kurz an.
- Sprechen Sie laut, langsam und deutlich.
- Vergewissern Sie sich, ob Sie auch in der letzten Reihe gut verstanden werden.
- Sprechen Sie im Stehen, nicht im Sitzen.
- Bewahren Sie eine möglichst natürliche Gestik und Mimik.
- Sprechen Sie die Sprache Ihrer Zuhörer.
- Vermeiden Sie Belehrungen und Besserwisserei.

Fragebogen zur Selbstbeurteilung nach einer Rede			
	Frage	**Ihre Einschätzung**	**Ihr Resümee / Handlungsbedarf?**
Vorbereitung	**War ich genügend vorbereitet?** (auf äußeren Rahmen, die Gruppe, Motivation und Vorbehalte der Teilnehmer, inhaltlich)		
	Hat sich mein Aufbau bewährt? (Vortragsstruktur, sinnvolle Gliederung)		
Inhalt	**Gelang es mir, den Inhalt zu vermitteln?** (Ziel erreicht, Wissen vermittelt)		
	Wie gelang mir der Einstieg in die Rede?		
	Wie bewährte sich der Schluss?		
Pannen	**Welche Pannen gab es?** (persönliche, technische ...)		
	Wodurch hätte ich die Pannen vermeiden können? (Vorbereitung, Absprachen, Technikcheck ...)		
Medien	**Konnte ich durch die verwendeten Medien die Inhalte verdeutlichen?** (übersichtliche Folien, sinnvoller Einsatz)		
Gruppe	**Wie gelang mir der Kontakt zur Gruppe?** (Blickkontakt, Lächeln, Sie-Ansprache, Fragen)		
	Erfüllte ich die Erwartungen der Gruppe? (inhaltlich, Motivation, Beteiligungsmöglichkeit)		
	Welche Rückmeldungen gab es aus der Gruppe? (Anregungen, Kritik, Wünsche ...)		
Person	**Wie war mein persönliches Befinden?** (Lampenfieber, Sicherheit, Eigenmotivation ...)		
	Wie setzte ich mich selbst ein? (Körpersprache, Mimik, Stimme, Modulation ...)		
Zeit	**Wie war mein Zeitmanagement?** (Zeit eingehalten, überzogen, geeignete Pausenregelung ...)		
	Sonstige Bemerkungen:		

Rhetorik

- Verwenden Sie Fremdwörter nur, wenn Sie diese sicher artikulieren können und Ihre Zuhörer die Fremdwörter auch verstehen.
- Machen Sie zwischen wichtigen Aspekten immer wieder deutliche Sprechpausen.
- Fassen Sie Wichtiges zusammen und zwar bevor Sie mit einem neuen Gedanken beginnen.
- Sprechen Sie Ihre Zuhörer direkt an.
- Nehmen Sie immer wieder Blickkontakt zur gesamten Gruppe auf.
- Lassen Sie sich nicht zu Übertreibungen hinreißen.
- Vermeiden Sie „verwaschene" Formulierungen wie: man, vielleicht, könnte, würde ...
- Erzeugen Sie durch Fragen Aufmerksamkeit der Zuhörer.
- Gliedern Sie Ihren Redebeitrag durch Fragen.
- Runden Sie Ihren Beitrag durch eine Zusammenfassung ab.
- Lernen Sie Ihren Schlussakzent auswendig.
- Geben Sie ein deutliches Signal, wenn Ihr Vortrag zu Ende ist.
- Bedanken Sie sich bei Ihren Zuhörern.

Nach dem Vortrag

- Bitten Sie – wenn möglich – einen Ihnen gut bekannten Zuhörer anschließend um ein kritisches Feedback.
- Bewerten Sie sich selbst.
- Verwenden Sie Beurteilungsbögen.
- Ziehen Sie als Ergebnis ein schriftliches Resümee.

Kapitel 3

Visualisierung: Das Auge entscheidet mit über den Erfolg der Präsentation

Einige gute Gründe für das Visualisieren

Ein Bild sagt mehr als tausend Worte.

Die Speicherfähigkeit des menschlichen Gehirns scheint nahezu grenzenlos zu sein. Doch selten werden die Möglichkeiten des Gehirns ausgenutzt. Gerade im Bereich von Reden, Vorträgen, Besprechungen und Präsentationen wird unser Gehirn kaum gefordert und zu Leistung aktiviert, richtet sich doch die Informationsaufnahme in diesen Bereichen meist auf die Verarbeitung des gesprochenen Wortes.
Gelingt es Ihnen jedoch, Ihre Inhalte, die Sie vermitteln wollen, auf den Prinzipien der Gehirnaktivitäten aufzubauen, wirkt Ihre Präsentation nachhaltig auf die Gruppe und die vermittelten Inhalte werden dauerhaft bei den einzelnen Teilnehmer/-innen verankert.

Berücksichtigen Sie die Erkenntnisse der Gehirnforschung.
Das menschliche Gehirn besteht aus zwei Hälften, der linken Hemisphäre und der rechten Hemisphäre. Die linke Gehirnhemisphäre ist in erster Linie verantwortlich für Sprache, logisches Denken, mathematische Zusammenhänge, Verarbeitung von Details und analytisches Denken. In der rechten Hälfte des Gehirn sind räumliche Orientierung, Rhythmusgefühl und Musikverständnis, Intuition, Vor-

stellungskraft, Farbempfinden und das ganzheitliche Erfassen von Zusammenhängen grundgelegt.

Stellen Sie nun die Funktionsweisen der Gehirnhälften gegenüber, wird rasch deutlich, dass einerseits die logischen Funktionen Aufnehmen und Verarbeiten von Sprache, Sprechen, Schreiben, Organisieren und Analysieren und andererseits die fantasievollen Bereiche Farbe, Musik, Vorstellungskraft und ganzheitliches Erfassen angelegt sind (Hartje 1982).

Beim Lernen wird die linke Gehirnhälfte bevorzugt beansprucht.

Bereits in der Schule wird die linke Gehirnhälfte bevorzugt angesprochen. Das Kind lernt im Schulunterricht Lesen, Schreiben, Rechnen. Fantasie, Vorstellungskraft, Gefühl für Farbe, Form und Musik werden in unserer Kultur unterbewertet. Von vornherein werden also die Leistungen der rechten Gehirnhälfte weniger angesprochen und gefördert. Weil die rechte Hemisphäre so wenig genutzt und trainiert wird, versucht der Mensch schließlich, alle Aufgaben mit seiner linken Gehirnhälfte zu lösen. Dies bedeutet natürlich eine erhebliche Einschränkung der Möglichkeiten, die das Gehirn tatsächlich bietet.

Sicher machten Sie bisher ähnliche Erfahrungen – Schulunterricht, Referate, Besprechungen, Reden und Vorträge richten sich hauptsächlich an linkshemisphärische Funktionen. Inhalte werden sprachlich aufbereitet und anhand einer logischen Struktur auch durch Worte vermittelt. Kreativität, Fantasie, Vorstellungsvermögen bleiben auf der Strecke. Wenn es jedoch gelingt, zwischen beiden Hemisphären eine Verbindung herzustellen, sozusagen beide Hälften „anzusprechen", wird sich ein optimaler Lernerfolg einstellen.

Wie kann es gelingen, beide Gehirnhälften anzuregen?

Sprechen Sie möglichst viele Sinne Ihrer Zuhörer an. Praktisch betrachtet bedeutet dies, dass Sie Ihre Inhalte nicht ausschließlich vortragen. In diesem Fall richten Sie sich nur an das akustische System, also ans Hören. Versuchen Sie, möglichst viele Inhalte zu visualisieren. Damit beanspruchen Sie sich gleichzeitig das Gehör und den visuellen Sinn. Fordern Sie Ihre Gruppe zusätzlich noch zu Mitwirkung auf, also zum kreativen Mitgestalten, zum Entwickeln und zum eigenen Handeln, ist das Zusammenspiel beider Gehirnhälften intensiv gefordert.

Nach Ruhleder(1998) behält der Zuhörer
- nur durch Hören 10 Prozent
- nur durch Sehen 10 Prozent
- durch Hören und Sehen 30 bis 40 Prozent
- durch aktives Mitwirken 60 bis 70 Prozent

der Inhalte im Gedächtnis.

Informationsaufnahme durch verschiedene Sinne

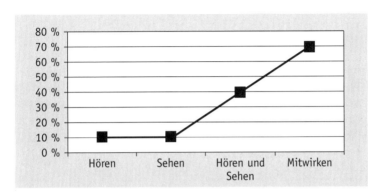

Wenn Sie sich diese Informationen immer wieder vor Augen führen, werden Sie vielfältige Ideen für Präsentationen sammeln. Unterstützen Sie Ihre Rede durch visuelle Elemente, beeinflussen Sie die Auffassung und das Erinnerungsvermögen Ihrer Zuhörer ganz erheblich.

Die Gestaltungselemente Schrift, Farbe und Form

Es gibt zahlreiche Elemente der Gestaltung. Für die Visualisierung Ihrer Präsentation, Ihrer Gruppenarbeit oder Ihres Vortrags ist es wichtig, die Elemente der Gestaltung zu kennen und wirkungsvoll einzusetzen. Die wichtigsten Gestaltungselemente sind
- Schrift,
- Farbe,
- Form.

Wissenswertes zum Thema Schrift

Eine der gängigsten Formen der Visualisierung ist der Einsatz von Schrift oder Text. Texte werden dann gut aufgenommen, wenn Sie die allgemeinen Lesegewohnheiten berücksichtigen:

- Achten Sie auf eine angemessene Schriftgröße und wählen Sie eine klare Schriftart, wenn Sie mit dem PC arbeiten, z.B. die Arial, bei größeren Textmengen die Times New Roman.
- Mischen Sie nicht zu viele Schrifttypen und -größen und vermeiden Sie unnötig viele Hervorhebungen, Schatteneffekte oder Verzerrungen, die das Auge anstrengen und schwer zu lesen sind.
- Schreiben Sie in gedruckten Groß- und Kleinbuchstaben, wenn Sie per Hand schreiben. Verzichten Sie darauf, ausschließlich in Großbuchstaben zu drucken. Dies ermüdet das Auge der Teilnehmer/-innen schneller.
- Schreiben Sie von links nach rechts und von oben nach unten.
- Beachten Sie bei Ihren visualisierten Texten die „vier Verständlichmacher (Langer/Schulz von Thun/Tausch 1981).

Vier Verständlichmacher

Einfachheit:
Bilden Sie möglichst kurze Sätze oder arbeiten Sie mit Stichpunkten und Halbsätzen.

Kürze und Prägnanz:
„In der Kürze liegt die Würze", dies gilt nicht nur für Ihre Präsentation, sondern auch für die Texte Ihrer Visualisierung. Bringen Sie also Ihre Kernaussagen auf den Punkt.

Gliederung und Ordnung:
Das Auge legt Wert auf Ordnung und Struktur. Arbeiten Sie deshalb mit Überschriften, Unterpunkten; gliedern Sie optisch mit Strich- oder Punktaufzählungen.

Zusätzliche Stimulans:
Zusätzliche Impulse fürs Auge bieten Farben, Symbole und Zeichen oder kleine Bilder in Form von Zeichnungen.

Der Einsatz von Farbe in Ihrer Visualisierung

Kehren Sie in Ihrer Präsentation die alte Volksweisheit *„grau ist alle Theorie"* um: Lassen Sie durch Ihre Visualisierungen deutlich werden, dass die Praxis bunt und agil ist. Mit Farben kann es Ihnen gelingen, Sachverhalte zu beleuchten und Aspekte zu unterstreichen. Gezielter Einsatz von Farbe hilft Ihren Zuhörer/-innen, Inhalte zu verankern und zu besser speichern.

Farben sind jedoch auch Symbolträger. Die Farbpsychologie ordnet den Farben jeweils bestimmte Wirkungen zu (zum Folgenden vgl. Murch/Woodworth 1978, Schneider 1996): Rot aktiviert bis hin zur Unruhe, Blau fördert die Zurückhaltung, Grün wirkt entspannend. Die folgende Übersicht veranschaulicht die Wirkung von Farben und Ihre Einsatzmöglichkeiten.

Farben und ihre Wirkungen	Gelb	Hellgrün	Dunkelgrün	Hellblau	Dunkelblau	Rosa	Rot	Orange	Braun	Schwarz
Aktivierend							x			
Anregend	x						x			
Aufmerksamkeit erregend	x									
Belebend								x		
Beruhigend				x	x	x			x	
Bodenständig									x	
Entspannend		x	x							
Für Akzente							x	x		
Für Hintergründe	x	x		x		x				
Für Schriften			x		x					x
Kontrastfarbe	x						x	x		
Kühl				x	x					
Signalfarbe: Ampel		x	x				x			
Signalfarbe: Schutz	x									
Zuviel macht aggressiv							x	x		
Zuviel macht depressiv		x	x							

Visualisierung

Zum Umgang mit Farben – Gestaltungsgrundsätze

Wenn Sie Farben bei Ihrer Visualisierung einsetzen, sollten Sie einige Grundsätze der Gestaltung beachten (Langer/Schulz von Thun/Tausch 1981, Murch/Woodworth 1978):

- Schwarz hat sich als Schriftfarbe durchgesetzt.
- Dunkle Farben können Sie ebenfalls als Schriftfarbe einsetzen.
- Weiße oder gelbe Schrift auf dunklem Hintergrund wirkt auf Folien eindrucksvoll.
- Gelb eignet sich sehr gut als Kontrastfarbe zur schwarzen Schrift.
- Alle hellen Farben und alle Pastellfarben eignen sich als Hintergrundfarbe.
- Rot sollten Sie nur zur Betonung verwenden, um zentrale Aspekte punktuell hervorzuheben. Verwenden Sie Rot nicht als Hintergrundfarbe und verzichten Sie darauf, ganze Thesen Rot zu hinterlegen. Rot ist genau wie die Farbe Grün in den Köpfen Ihrer Zuhörer/-innen fest mit einer Bedeutung verknüpft: Wir alle betrachten Rot als Ampel- und Warnfarbe. Rot heißt für uns: *„Vorsicht, Achtung, halt, verboten!"* Sie geben Ihren Inhalten höchstwahrscheinlich eine ungewollte Dynamik, wenn Sie diese großflächig mit Rot markieren.
- Braun setzt sich als Mischfarbe aus zahlreichen anderen Farben zusammen. Als Farbe in Ihrer Präsentation wird Braun rasch als eintönig und langweilig wahrgenommen. Bei ungünstigen Lichtverhältnissen und schlecht ausgeleuchteten Räumen kann Braun ermüdend wirken.

Formen und Symbole nutzen

Um Ihre Präsentation zu visualisieren, können Sie verschiedene Formen einsetzen. Dabei ist es möglich, alle denkbaren geometrischen und nicht geometrischen Formen und Symbole zu verwenden. Gerade die Gestaltung von Informationspostern, die Folien- und die Flipchart-Plakatgestaltung lebt durch den Einsatz von Symbolen und Formen.

- Formen bringen Leben und Logik in Ihre Präsentation.
- Die Inhalte prägen sich dadurch bei Ihren Zuhörer/-innen besser ein.
- Sie selbst strukturieren dadurch Ihre Präsentation, indem Sie Wichtiges von Unwichtigem trennen. Nur die zentralen Aspekte werden visualisiert.

Die folgenden Abbildungen zeigen einige Beispiele von Formen und Symbolen, die Sie leicht für Ihre Visualisierung verwenden können.

Geometrische und nicht geometrische Formen

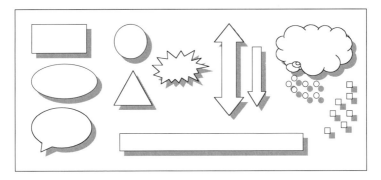

Allgemein verständliche Symbole

Natürlich können Sie sich bei Ihrer Visualisierung aller Formen und Symbole bedienen. Achten Sie jedoch darauf, dass Ihre Formen zur Verständlichkeit beitragen. Verwenden Sie nicht zu viele unterschiedliche Formen. Denken Sie stets daran: Durch das Gestaltungselement Form wollen Sie die Inhalte hervorheben und strukturieren. Ein Zuviel es Gestaltungselements ergibt schnell ein Durcheinander und verwirrt Ihre Teilnehmer/-innen.
Die beiden folgenden Abbildungen visualisieren denselben Inhalt. Urteilen Sie selbst, welche Darstellung Sie mehr anspricht und welche der beiden den aufgezeigten Inhalt klarer vermittelt:

Visualisierung mit vielen Formen und Symbolen

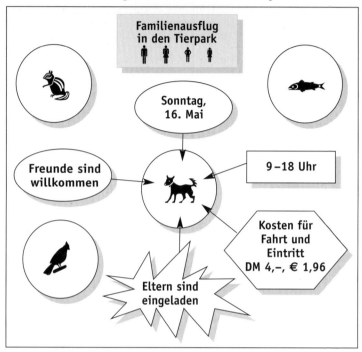

Visualisierung mit drei Formen

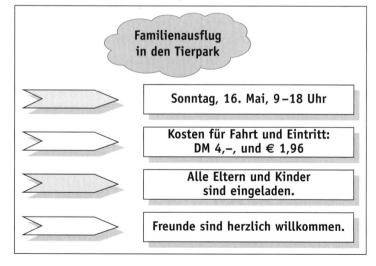

Unterschiedliche Kompositionen zur Anordnung von Formen

Wenn Sie das Gestaltungselement Form in Ihrer Visualisierung nutzen, können Sie Formen und Symbole zusammengruppieren und in bestimmte Grundmuster bringen. Bei der Anordung Ihrer Formen kommen vier so genannte Kompositionen in Frage (Müller-Schwarz/Weyer 1991):
- Symmetrie
- Reihung
- Rhythmus
- Dynamik

In den folgenden Schaubildern verdeutlicht eine Kindertagesstätte die Freizeitangebote ihres Kindergartens und ihres Kinderhortes auf unterschiedliche Weise:

Symmetrie:
Wenn Sie in Ihrem Schaubild einen Inhalt als Ganzes verdeutlichen möchten und gleichzeitig alle Teile des Ganzen darstellen wollen, eignet sich als Komposition die Symmetrie.

Anordnung nach dem Prinzip „Symmetrie"

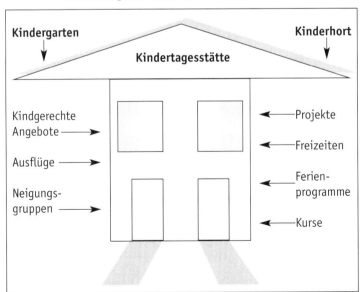

Reihung und Rhythmus:
Wollen Sie in Ihrem Schaubild Abfolgen, Reihenfolgen oder Hierarchien darstellen, können Sie sich des Elements der Reihung oder des Rhythmus bedienen.

Anordnung nach dem Prinzip „Reihung"

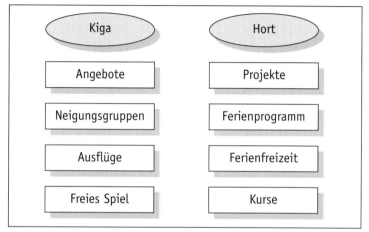

Anordnung nach dem Prinzip „Rhythmus"

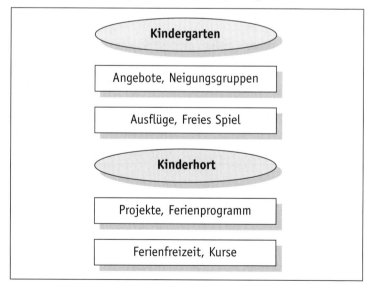

Dynamik:
Wollen Sie Inhalte visualisieren, bei denen ein Verlauf darzustellen ist oder möchten Sie im Schaubild Ursache und Auswirkungen ausdrücken oder Beziehungen herstellen, so wählen Sie die Komposition der Dynamik.

Anordnung nach dem Prinzip „Dynamik"

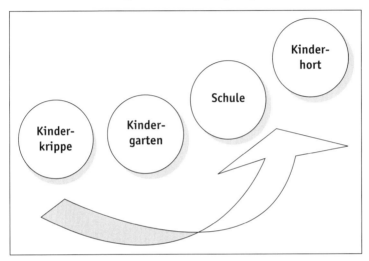

Wie Sie Inhalte graphisch interessant aufbereiten

Wenn Sie in Ihrer Kindertageseinrichtung den Eltern, Ihrem Team, Ihrem Träger, KollegInnen aus anderen Einrichtungen, Schulklassen der Fachakademien oder Kostenträgern Inhalte vermitteln wollen, sollten Sie Ihre Aussagen graphisch eindrucksvoll aufbereiten können. Ihre Schilderung wird umso beeindruckender und wirkungsvoller, wenn Sie Abläufe, Zahlen, Entwicklungen und Trends nicht nur benennen, sondern auch geschickt verpacken.

Als Möglichkeiten der graphischen Aufbereitung stehen Ihnen drei Darstellungsformen zur Verfügung (Müller-Schwarz/Weyer 1991):
- Tabelle
- Liste
- Diagramm

Tabelle

Die Darstellungsform Tabelle können Sie immer dann nutzen, wenn es Ihnen darum geht, einen umfassenden Überblick zu gewähren. Durch die tabellarische Darstellung gelingt es Ihnen, auch Einzelheiten übersichtlich zu veranschaulichen.

Tabellen eignen sich für die Visualisierung von
- Dienstplänen (Gesamtüberblick über Arbeitszeiten des Teams)
- Überstundendarstellungen und -berechnungen
- Gegenüberstellung der Belegungszahlen der Vorjahre
- Zahlungsmodalitäten
- Inventardarstellungen und Neuanschaffungen
- Gruppenbezogene oder hausbezogene Budgetdarstellung

Darstellung von Projektarbeit in Tabellenform

Projektplan			
Aktion	von ... bis	verantw. ErzieherIn	teilnehmende Kinder
Fotokurs	1.10. – 15.12.	Gabi	Gianna, Yasemin, Moritz, Serkan, Patrick, Isabell, Luan, Lukas, Selgin, Tankut
Videokurs	7.01. – 24.03.	Roman	Luzie, Fritz, Lili, Mohammed, Evi, Sarah, Eugen, Till, Tim, Chris
Inline-Skating	3.04. – 05.05.	Andrea	Ray, David, Lola, Oleg, Cynthia, Ute, Lars, Lis, Eva, Tom, Marie, Anne,
Abenteuerspielplatz	7.05. – 25.06.	Daniela	Simon, Christof, Andi, Metin, Sabine, Emma, Dieter, Ali, Alex, Özgür

Liste

Listen eignen sich in erster Linie, um Sachverhalte und Zahlenwerte aneinander zu reihen. Mit einer Liste können Sie folgende Inhalte darstellen:
- Meinungen und Einschätzungen
- Auszüge aus Eltern- oder Kinderbefragungen
- Planungsprozesse
- Checklisten aller Art
- Auffälligkeiten der Kinder, Gruppendaten, Kinderzahlen, Geschlechterverteilung
- Fehlzeiten des Personals, Fehlzeiten der Kinder

Liste über Elternbeschwerden

Elternbeschwerden	Anzahl
Zu kurze Öffnungszeiten am Abend	4
Zu hohe Zusatzkosten (Ausflüge, Eintrittsgelder)	3
Zu lange Ferienschließzeiten	2
Schmutzige Kleidung des Kindes	2
Keine Öffnung am Wochenende	1

Kurvendiagramm

Ein Kurvendiagramm können Sie immer dann zur Visualisierung nutzen, wenn Sie einen oder mehrere Entwicklungsverläufe darstellen wollen. Im Kindertagesstättenbereich bieten sich Kurvendiagramme an für
- Visualisierung der Kinderzahlen (Anstieg oder Rückgang) im Vergleich mehrerer Jahre
- Entwicklung der Elternbeiträge
- Anstieg der Personalkosten über mehrere Jahre hinweg
- Darstellung der Fluktuationsrate des Personals
- Entwicklung der Krankheitsrate des Personals
- Anteil der Ehrenamtlichen im Vergleich mehrerer Jahre

Kurvendiagramm über den Anteil der Essenskinder der Jahre 1998, 1999, 2000

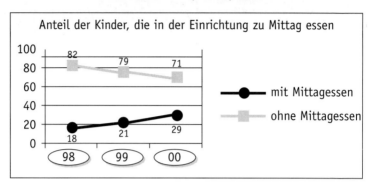

Kreisdiagramm

Das Kreisdiagramm nutzen Sie dann zur Visualisierung, wenn Sie eine Verteilung prozentual darstellen wollen. Mit dem Kreisdiagramm erhalten Ihre Teilnehmer/-innen einen Gesamtüberblick und einen Einblick in die einzelnen Verteilungen. Beachten Sie dabei, dass zu viele kleine Einzelverteilungen mit Prozentwertangaben in einem Diagramm verwirren können.

Schaffen Sie Übersicht, indem Sie die Tortenstücke des Diagramms entweder durch unterschiedliche Farbgebung oder durch Muster und Schraffierungen voneinander abheben. Wollen Sie auf eine Verteilung besonders hinweisen, können Sie diese deutlich herausstellen, indem Sie den Ausschnitt etwas herausziehen und so von den anderen Teilen absetzen.

Kreis- oder Tortendiagramme eignen sich in Kindertageseinrichtungen besonders zur Visualisierung folgender Inhalte:
- Verteilung der Kinder nach Nationalitäten
- Verteilung der Kinder nach Geschlecht
- Altersverteilung
- Verteilung nach Schularten
- Überblick über die Verteilung der Jahreseinnahmen
- Überblick über die Verteilung der Jahresausgaben
- Auswertung von Elternbefragungen
- Auswertung von Kinderbefragungen

- Überblick über die Gewinnerwirtschaftung bei Festen
- Verteilung der Wünsche bei Bedarfsanalysen
- Dokumentation von Abstimmungsergebnissen
- Zusammensetzung der Beiträge

Kreisdiagramm der Zahlungsmodalitäten innerhalb einer Tagesstätte

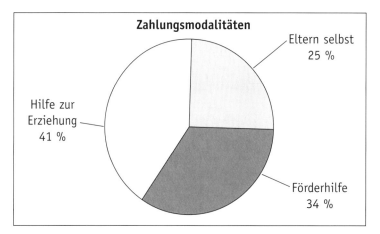

Balken- oder Säulendiagramm

Die Visualisierung mit Säulen- oder Balkendiagrammen dient dem Vergleich und der Gegenüberstellung. Mittels Säulen- oder Balkendiagramm können Sie das Verhältnis von Zahlen gegenüberstellen und verschiedene Werte miteinander vergleichen. Achten Sie beim Erstellen eines solchen Diagramms darauf, die Achsen treffend zu beschriften, damit durch Ihre Visualisierung keine Verunsicherung entsteht.

Mit einem Säulen- oder Balkendiagramm können Sie Folgendes verdeutlichen:
- Anstieg oder Abfall der Kinderzahlen
- Vergleich der Beitragsentwicklung
- Gegenüberstellung der in Anspruch genommenen Serviceleistungen einer Einrichtung

Säulendiagramm zu Krankheitstagen des Personals

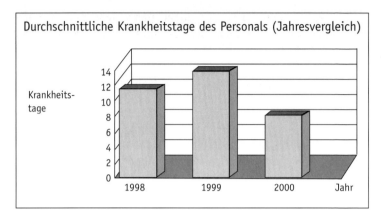

Organigramm

Mit Hilfe eines Organigramms können Sie Strukturen, Organisationen und Ebenen aufzeigen. Ein Organigramm eignet sich, Ihre eigene Einrichtung darzustellen, Aufgabenverteilungen sichtbar zu machen, Hierarchien zu verdeutlichen oder Ziele zu operationalisieren.

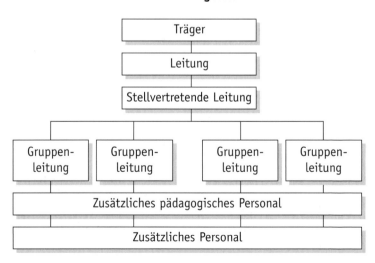

Ablaufdiagramm

Das Ablaufdiagramm ist dem Organigramm sehr ähnlich. Durch ein Ablaufdiagramm können Sie komplexe Abläufe verdeutlichen oder Prozesse festhalten.

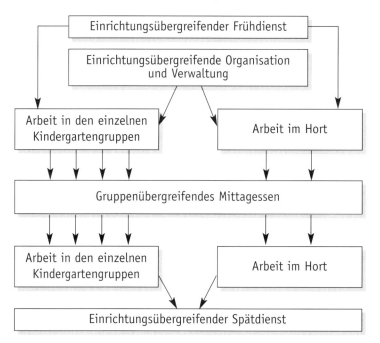

Ablaufdiagramm Arbeitsabläufe in einer Kindertagesstätte

Der gekonnte Einsatz von Medien

Scheuen Sie sich nicht, Ihre Rede aufzubereiten und wichtige Teile des Inhalts durch den Einsatz von Medien zu betonen. Der Einsatz von Medien unterhält, unterstreicht und belebt. Ihre Hörer/-innen werden es Ihnen danken. Allerdings sollten Sie wissen: Die Hauptrolle spielen auch weiterhin Sie selbst! Der gekonnte Einsatz von Medien unterstützt Ihre Arbeit – er nimmt sie Ihnen jedoch nicht ab.

Sie nutzen die Medien, weil Sie Ihre Hörer/-innen über verschiedene Informationskanäle ansprechen wollen. Dadurch erleichtern Sie das Aufnehmen und Speichern von Inhalten Ihres Vortrags. Im Grunde wollen Sie Ihren Hörer/-innen die „Arbeit" erleichtern und vergnüglicher gestalten. Diesen Grundsatz sollten Sie bei der Wahl Ihrer Medien nicht aus den Augen verlieren. Es geht nicht darum, Perfektionismus auszustrahlen und mit einem Medienfeuerwerk zu glänzen. Egal für welche Medien Sie sich entscheiden, sie sind nur Hilfsmittel dafür, zentrale Aspekte hervorzuheben und Kernaussagen Ihrer Rede zu unterstreichen.

Welche Medien kommen für Ihre Präsentation in Frage?

Entscheidend für die Wahl der Medien wird sicherlich das finanzielle Budget Ihrer Einrichtung – und damit natürlich die Ausstattung mit technischen Medien oder Moderationsmaterialen sein. Weiterhin spielt bei der Entscheidung für ein Medium die Größe der Gruppe eine Rolle, vor der Sie sprechen.

Medien, die Sie für Ihre gelungene Präsentation auswählen können sind (Ruhleder 1998, Ditko/Eick/Mühlnickel 1999, Gelb 1998, Pink 1996):
- Flipchart
- Diaprojektor
- Overheadprojektor / Beamer
- Videorecorder
- Kassettenrecorder / CD-Player

Flipchart

Das Flipchart ist eine transportable Metalltafel, an der ein großer Block mit Papier befestigt wird. Mit Fantasie betrachtet, erinnert das Flipchart an eine große Zeichenstaffelei. Aufgrund der einfachen Handhabung und des relativ niedrigen Anschaffungspreises kann das Flipchart in der Praxis der Kindertagesstätten häufig zum Einsatz kommen.
Das Flipchart kann für Sie ein hervorragendes Instrument sein, um Gruppen zu beteiligen und Inhalte zu entwickeln. Tagesordnungspunkte für Konferenzen und Teambesprechungen lassen sich festhalten, Kinderkonferenzen visualisieren, Großprotokolle erstellen,

Diskussionsbeiträge festhalten, Sitzungen und Feste planen und durchführen. Die Einsatzmöglichkeiten des Flipcharts in Kindertagesstätten sind zahlreich.

So nutzen Sie das Flipchart, wenn Sie mit Gruppen arbeiten:

- Überprüfen Sie den Standort des Flipcharts im Raum. Auch die Teilnehmerin, die am weitesten entfernt sitzt, sollte den Text gut lesen können. Ab einer Entfernung von etwa neun Metern ist die Schrift nicht mehr einwandfrei zu entziffern.
- Machen Sie sich vor Ihrem Vortrag mit dem Flipchart vertraut. Testen Sie, wie Sie einen Block wechseln und die Blätter abtrennen. Überprüfen Sie vorher die Standfestigkeit des Flipcharts. Eventuell müssen Sie kurz die Schrauben an den Füßen nachziehen.
- Sprechen Sie nicht, während Sie schreiben. Wenn Sie sich nach dem Schreiben zur Gruppe umdrehen, sind Sie viel besser zu verstehen.
- Nehmen Sie möglichst schnell den Blickkontakt zur Gruppe wieder auf.
- Sprechen Sie zur Gruppe gerichtet, indem Sie auf den jeweiligen Punkt zeigen, den Sie behandeln.
- Geben Sie der Gruppe genügend Zeit, um die Inhalte zu lesen.
- Hängen Sie die Gliederung Ihrer Präsentation auf. So kann die Gruppe jederzeit den aktuellen Stand mitverfolgen.
- Gönnen Sie der Gruppe immer wieder Zusammenfassungen. Ein zusammenfassender Rückblick bewährt sich nach etwa fünf Seiten.
- Wenn Sie eine Rede- oder Besprechungsgliederung vorstellen wollen, die aus mehreren Punkten besteht, sollten Sie diese bereits vorgeschrieben haben.

Die folgende Tabelle zeigt Einsatzmöglichkeiten des Flipcharts in Ihrer Kindertagesstätte auf.

Einsatzmöglichkeiten des Flipcharts in Kindertageseinrichtungen

Was?	Wo?
Tagesordnungspunkte aufzeigen	• Teambesprechungen • Konferenzen • Elternbeiratssitzungen • Besprechungen mit Trägern • Kinderkonferenzen • Sitzungen • Arbeitskreise
Gliederung visualisieren	• Kurzstatements • Berichte • Elternabende • Fortbildungsberichte • Reden • Vorträge • Zusammenfassungen aus Fachzeitschriften
Konzeptentwicklung	• Teambesprechungen • Trägerbesprechungen • Sitzungen
Projektplanung	• Teambesprechungen • Elternbeiratssitzungen • Elternabende • Kinderkonferenzen • Arbeitskreise • Festvorbereitungen • Planspiele
Mindmapping zur Planung neuer Vorhaben	• Trägerkonferenzen • Kinderkonferenzen • Elternbeiratssitzungen • Teambesprechungen • Arbeitskreise

Overheadprojektor / Beamer

Den Overheadprojektor benutzen Sie zusammen mit Ihrer Folie, die Sie eigens für die Visualisierung Ihres Vortrages entwickeln. Über den Beamer in Verbindung mit einem Laptop läuft Ihre computergesteuerte Präsentation, die Sie am PC mit Hilfe eines Präsentationsprogramms (in der Regel Powerpoint) entwickeln. Die einzelnen Folien der Beamer-Präsentation bestehen – ebenso wie die Overheadfolien – aus Text, Farbe und graphischen Elementen. Für die Vorbereitung Ihrer Beamer-Präsentation können Sie die bereits besprochenen Elemente Schrift, Farbe, Form, Graphik und das noch folgende Beispiel der Foliengestaltung analog anwenden.

Kindertagesstätten werden vermutlich in der Praxis kaum über einen eigenen Overheadprojektor oder Beamer und Laptop verfügen. Die Anschaffung solcher Medien wäre tatsächlich nur dann sinnvoll, wenn Sie häufig zu verschiedensten Anlässen Folien präsentieren. Wenn Sie nur bei besonderen Gelegenheiten – beispielsweise an manchen Elternabenden oder bei Konferenzen – Overheadprojektor oder Beamer verwenden wollen, gibt es verschiedene, kostengünstige Wege der Beschaffung:
- Miete für die Dauer des Gebrauchs bei einer Medienzentrale
- Kauf eines Projektors / eines Beamers und Laptops zusammen mit anderen Einrichtungen
- Ausleihe der Medien bei benachbarten Schulen, Verbänden, Firmen oder Büros.

Regeln für den Einsatz von Overheadprojektor und Beamer:
- ✷ Testen Sie die Technik! Probieren Sie rechtzeitig vorher aus, ob Projektor, Beamer und Laptop funktionieren. Starten Sie unbedingt einen Probelauf Ihrer Beamer-Präsentation.
- ✷ Überprüfen Sie vorher, wie der Projektor zu bedienen ist.
- ✷ Legen Sie vorher eine Ihrer Folien auf, stellen Sie das Bild scharf, und bringen Sie den Projektor in die richtige Position.
- ✷ Das Bild sollte von jedem Platz im Raum gut eingesehen werden können. Laufen Sie vor dem Vortrag durch den Raum und überprüfen Sie dies.
- ✷ Kümmern Sie sich vorher um eine Ersatzbirne, falls die alte Birne durchbrennt.

- Overheadprojektor und Beamer gehören zur Gruppe der so genannten Kurzzeitmedien. Schalten Sie diese Medien erst an, wenn Sie sie tatsächlich brauchen. Sowohl Gebläse, als auch das Licht der unbenutzten Projektoren wirken störend auf die Gruppe.
- Schalten Sie die Projektoren immer dann aus, wenn Sie sie nicht brauchen. Ihre Gruppe ist abgelenkt, wenn Sie bereits einen anderen Gedanken behandeln und die „alte" Folie noch aufliegt.
- Präsentieren Sie Ihre Folien im Stehen.
- Halten Sie immer den Blickkontakt zur Gruppe; drehen Sie sich auf keinen Fall zum projizierten Wandbild um. Wenn Sie dies tun, drehen Sie der Gruppe immer den Rücken zu und sprechen erläuternd zur Wand.
- Ihre Folie wird beim Präsentieren zu Ihrem Stichwortzettel. Blicken Sie auf den Overheadprojektor oder auf den Monitor des Laptops und holen Sie sich von Ihrer Folie die Stichwörter. Auf diese Art und Weise sprechen Sie immer zur Gruppe und wenden ihr niemals den Rücken zu.
- Verzichten Sie bereits beim Entwickeln Ihrer Beamer-Präsentation am PC auf zu viele Spezialeffekte. Sie können Ihrer Gruppe durch die Effekte „einfliegende Schrift", „blinkender Text" oder „Rennwageneffekt" demonstrieren, dass Sie gewandt mit dem Präsentationsprogramm Ihres Computers umgehen können. Zu viele verschiedene Effekte in einer Präsentationsfolie lenken Ihre Zuhörer/-innen jedoch von den zentralen Textelementen und von Ihren verbalen Ausführungen ab. Auch bei einer Beamer-Präsentation sollten Sie bedenken: Die Hauptrolle bei der Präsentation liegt immer bei Ihnen.

Diaprojektor

Viele Kindertagsstätten besitzen einen Diaprojektor. Dias sind ein kostengünstiges Mittel, eine Präsentation lebendig zu gestalten und einzelne Aspekte sehr wirkungsvoll zu unterstreichen. Zudem lassen sich Diaprojektoren relativ einfach bedienen.

Dias als Einstieg:
Dias lassen sich als Einstieg in einen Vortrag einbauen. Mit diesem ungewöhnlichen Vortragseinstieg überraschen Sie Ihre Zuhörer/-innen, Sie erzeugen Spannung und erzielen unter Umständen auch Betroffenheit durch die Verknüpfung von sprachlichem Inhalt und Bild. Als Einstieg in die Einweihungsrede Ihres neuen Gebäudes oder Spielplatzes können Sie eine kurze Diashow über die tatkräftige Unterstützung von Eltern und Ehrenamtlichen zeigen. Ein Elternabend zum Thema Projektarbeit der Kinder kann mit Dias zu den verschiedenen Projekten, die angeboten werden, starten.

Dias im Hauptteil:
Zeigen Sie zu inhaltlichen Aspekten Ihrer Rede nur wenige Dias. Entscheiden Sie sich für Dias im Hauptteil nur dann, wenn Sie über wirklich aussagekräftige Dias verfügen, die zweifelsfrei Ihre genannten Thesen unterstreichen. Ansonsten stiften Sie Verwirrung und die Gruppe wird sich auch dann noch fragen, wenn Sie bereits mir Ihrer Rede fortfahren, was Sie mit Ihren Dias ausdrücken wollten.

Dias als Schluss:
Im Schlussteil Ihrer Rede bieten sich Dias an. Wenn Sie bereits Ihre wichtigsten Aspekte kurz zusammengefasst haben, wirkt eine abschließende Diashow auf Ihre Zuhörer/-innen abrundend und vertieft Ihren Beitrag während des Betrachtens nochmals. Ein Schnupperabend ist äußerst anregend für die neuen Eltern, wenn Sie Ihre Ausführungen mit folgenden Worten beenden: *„Damit Sie nun abschließend eine konkrete Vorstellung der eben geschilderten Inhalte gewinnen, möchte ich nun mit einigen fotografischen Impressionen aus unserer Kindertagesstätte enden."*

Tipps für die praktische Handhabung des Diaprojektors in Ihrer Präsentation:
- ✻ Überprüfen Sie die Technik des Projektors.
- ✻ Stellen Sie den Diaprojektor vorher scharf, falls Sie über keinen Projektor mit automatischer Fokussierung verfügen.
- ✻ Prüfen Sie vorher, ob alle Teilnehmer/-innen das auf die Leinwand projizierte Bild von ihrem Platz aus gut erkennen können.

- Überprüfen Sie vorher die richtige Reihenfolge und die Position Ihrer Dias. Spätestens das dritte auf dem Kopf stehende Dia erzeugt Unmut bei der Gruppe.
- Zeigen Sie nur gelungene Dias – verzichten Sie auf alle „Schnappschüsse", die anwesende Personen kompromittieren könnten.
- Überlegen Sie gründlich, welche Dias zweifelsfrei zu Ihren Inhalten passen.
- Lassen Sie jedes Dia erst einige Sekunden auf die Teilnehmer/-innen wirken.
- Sprechen während der Vorführung etwas lauter als gewöhnlich.
- Berücksichtigen Sie den Ermüdungseffekt. Zeigen Sie wenige Dias, denn während der Vorführung verlieren Sie den (Blick)kontakt zur Ihrer Gruppe. Auch der abgedunkelte Raum wirkt bereits nach kurzer Zeit ermüdend auf die Teilnehmer/-innen.

Videorecorder

Professionell gedrehte Videofilme können Sie analog zu den vorab beschriebenen Dias einsetzen. In der Praxis bewährt sich eine kurze Filmsequenz prima als Redeeinstieg oder als Abschluss einer Präsentation. Falls Sie sich dafür entscheiden, einen Film in Ihren Hauptteil einzubauen, bedenken Sie folgende Aspekte (Ruhleder 1998, Gelb 1998, Pink 1996):

- Ein gut gedrehter Film spricht die Teilnehmer/-innen auf emotionaler Basis an und bleibt dadurch lange im Gedächtnis.
- Der Film drängt Sie als Rednerin jedoch in den Hintergrund.
- Durch die Einspielung des Filmes verlieren Sie den Kontakt zur Gruppe über längere Zeit.
- Erklärungen während des Filmes wirken extrem störend.
- Handelt es sich um einen längeren Film, sollten Sie darüber nachdenken, ob der Film nicht anstelle Ihres Vortrags stehen kann.
- Amateurhaft gedrehte längere Filme langweilen die Gruppe – diejenigen Eltern, die sich eine Stunde lang die Videoaufzeichnung des letzten Sommerfestes – gedreht vom Großvater eines Kindes – anschauen mussten, werden zur nächsten Sommerfestnachbereitung erst gar nicht erscheinen.

Kassettenrecorder / CD-Player

Musik in Ihre Vortragsgestaltung mit einzubinden, erhöht die Aufmerksamkeit und Ihrer Zuhörer/-innen, steigert die Aufnahmekapazität und sorgt für ein angenehmes Klima (Ruhleder 1998, Gelb 1998).

Musik zum Vortrag:
Kassettenrecorder oder CD-Player können Sie auf verschiedene Weise einsetzen:
- Musikeinspielung im Vorfeld Ihrer Präsentation, wenn die Teilnehmer/-innen den Raum betreten
- leise Musik in der Pause
- Musik nach dem Vortrag, wenn die Teilnehmer/-innen der Raum wieder verlassen

Musik als Einstieg:
Auch zur inhaltlichen Untermalung Ihrer Präsentation kann ein Kassettenrecorder Ihnen gute Dienste leisten: Das Einspielen eines Liedes, das inhaltlich zu Ihrem Thema passt, bietet sich durchaus auch als Einstieg an. Dieses Lied können Sie zum Ende Ihrer Präsentation nach der Zusammenfassung nochmals einspielen und für sich wirken lassen.

O-Töne:
Große Wirkung erzielen Sie bei den Zuhörer/-innen, wenn Sie eine kurze Umfrage zu einem Aspekt Ihres Themas beispielsweise bei Eltern, Passanten, der Pfarrgemeinde oder Ihrem Team starten und das zusammengeschnittene Ergebnis als Einstieg präsentieren. Auch Einstellungen, Meinungen und Wünsche der Kinder Ihrer Tagesstätte können Sie auf diese Weise festhalten und dokumentieren.

Zusammenfassend sind in der folgenden Übersicht Vorteile und Nachteile der verschiedenen Präsentationsmedien gegenübergestellt.

Vor- und Nachteile verschiedener Präsentationsmedien im Vergleich

Vorteile	Nachteile
Flipchart	
• leicht zu transportieren • geringer Anschaffungspreis • einfaches Handling • zur Ablaufvisualisierung gut geeignet • nicht technikabhängig, geringe Störanfälligkeit • ermöglicht Gruppenbeteiligung • als Stichwortzettel nutzbar • Rückschau durch Zurückblättern oder Aufhängen der Blätter möglich	• Relativ kleine Fläche • nur für kleinere Gruppen • ab neun Metern Entfernung nimmt Lesbarkeit rapide ab • Lesbarkeit ist schriftabhängig • Blickkontakt zur Gruppe geht beim Schreiben verloren • Flipchartvorlagen müssen auf kopierfähiges Format gebracht werden • Hoher Arbeitsaufwand bei Ergänzungen und Korrekturen
Overhead	
• Bei Klein- und Großgruppen nutzbar • Umgang relativ leicht erlernbar • Keine Unterbrechung des Blickkontakts zur Gruppe • Großbildprojektion wirkt anregend auf Gruppe • Lebendige, visuelle Informationsvermittlung • Einsatz von Farbe, Form, Schrift und Bildern möglich • Folien sind gleichzeitig als Kopiervorlage nutzbar • Folien dienen als Stichwortzettel	• Relativ hoher Anschaffungspreis, gerade bei transportablen Geräten • Zu lange Präsentationen, zu viele Folien wirken ermüdend • Störanfällige Technik • Erstellung von Folien ist zeit-, arbeits- und kostenintensiv • Kurzzeitmedium, daher ungeeignet, um Ablauf dauerhaft zu visualisieren
Diaprojektor	
• Vielseitig einsetzbar in Kindertagesstätten • Für kleinere und größere Gruppen geeignet • Lässt Präsentationen lebendig wirken • Bei Bedarf leichte Wiederholbarkeit	• Relativ hoher Anschaffungspreis für Geräte mit Autofokus und kabelloser Fernbedienung • Störanfällige Technik • Kein Kontakt zur Gruppe bei Diashow • Hoher Arbeits-, Kosten- und Zeitaufwand in der Vorbereitung • Nur für kurze Phasen geeignet

Vorteile	Nachteile
Video	
• In Kitas für viele Zwecke einsetzbar • Ideal und lebendig als Einstieg in die Präsentation • Für kleinere Gruppen gut geeignet	• Ungeeignet für größere Gruppen • Hoher Arbeits- und Zeitaufwand in der Vorbereitungsphase • Videoerfahrung bei Drehen eigener Filmsequenzen dringend nötig • Störanfällige Technik • (Kosten)aufwendige Technik: Videokamera, Videoanlage, Bildschirm
Kassettenrecorder/CD-Player	
• Erschwinglicher Anschaffungspreis • Mannigfaltig in Kitas einsetzbar • Relativ einfache Bedienung • Eindrucksvolle Unterstützung der Präsentation: ideal in Pausen, zum Vortragseinstieg oder -schluss • Geringer Vorbereitungsaufwand • Bei Klein- und Großgruppen einsetzbar • Musikeinspielung in Pausen sorgt für gute Gruppenatmosphäre	• Störanfällige Technik • Komplizierte Außenaufnahmen (Interviews): möglichst Stör- und Nebengeräusche ausschalten; extern ankoppelbares Mikrophon ist nötig • Bei Einspielung vor größerer Gruppe muss zusätzlicher Verstärker angeschlossen werden

So gestalten Sie Folien, Handouts und Plakate

Bei der Auswahl Ihrer Medien können Sie sich entscheiden zwischen Fertig-, Teilfertig- und Livemedien (Will 1997).

Fertigmedien

Fertigmedien sind alle Medien, die Sie zu Hause vorbereiten, gestalten und fertig stellen. Bei Ihrer Präsentation verwenden Sie die vorbereiteten Plakate, Handouts, Folien, Dias, Kassetteneinspielungen oder Videoaufzeichnungen.
In Ihrer praktischen Arbeit eignet sich beispielsweise die auf einem Plakat notierte Gliederung als Fertigmedium für Besprechungen oder Sitzungen. Immer dann, wenn Sie informieren wollen und weniger

Wert auf Gruppenbeteiligung legen, bieten sich Fertigmedien an. So können Sie zum Beispiel Ihr Team über eine Fortbildung, einen Vortrag oder einen Fachartikel informieren, indem Sie ein Plakat, eine Folie oder ein Handout vorbereiten und Ihre Erläuterungen auf die vorbereitete fertige Visualisierung stützen.

Einen Mittelweg zwischen Fertig- und Livemedien stellen die *Teilfertigmedien* dar. Wie der Name bereits sagt, stellen Sie diese Medien zum Teil fertig. Während Ihrer Präsentation ergänzen Sie Ihre Medien mit Beiträgen der Gruppe oder Sie verdeutlichen Bezüge und Zusammenhänge durch farbige Zeichen.
Teilfertigmedien intensivieren die Visualisierung, indem sie die Gruppe beteiligen. Dies steigert die Aufmerksamkeit und das Behalten der vermittelten Inhalte. So können Sie beispielsweise für einen Elternabend, bei dem Sie Grundzüge Ihres pädagogischen Konzeptes darstellen wollen, eine Folie oder ein Plakat als Teilfertigmedium wählen. Sie greifen Beiträge der Eltern auf und ergänzen Sie auf Ihrem Plakat, oder Sie verdeutlichen den Eltern, wie die pädagogischen Schwerpunkte zusammenhängen, indem Sie auf Ihrer Folie farbige Pfeile und Linien einzeichnen.

Live-Medien

werden von Ihnen während der Präsentation vor Augen der Gruppe entwickelt. Diese Medien prägen sich deshalb bei der Gruppe besonders gut ein. Bei der Gruppe entsteht zudem der Eindruck, an der Entstehung mitgewirkt zu haben.
Der Einsatz von Livemedien eignet sich zum Beispiel für die Entwicklung eines Rahmenkonzepts für Ihren Tag der offenen Tür oder Ihr Sommerfest. Dieses Konzept können Sie zusammen mit Team und Elternbeiräten mittels der Mind map-Technik live entwickeln.
Wenn Sie sich für Livemedien entscheiden, sollten Sie über eine leserliche Schrift und ein gewisses graphisches Talent verfügen. Versuchen Sie jedoch nicht, Ihre gesamte Präsentation auf Livemedien zu stützen. Die Entwicklung von Livemedien nimmt äußerst viel Zeit in Anspruch.

Egal, welche Medien Sie wählen: Sie sollten zu Ihnen und Ihrer Präsentation passen. Günstig ist es in jedem Fall abzuwechseln und auf Vielfalt zu bauen. Sicher haben Sie selbst schon erlebt, wie ermüdend Präsentationen wirken, die sich ausschließlich und im Übermaß auf Folien stützen. Probieren Sie einfach aus, welche Medien Ihnen gut „liegen" und überraschen Sie Ihre Gruppe durch Abwechslung in Ihrer Präsentation: Lesen Sie einen Zeitungsausschnitt vor, verwenden Sie Plakate und Folien oder Dias und Kassettenmitschnitte, teilen Sie ein Handout aus.

Attraktive Folien erstellen

Ganz gleich, ob Sie Ihre Folie als Fertig-, Teilfertig oder Livemedium nutzen wollen, gelten für die Erstellung von Folien einige Regeln der Gestaltung (Will 1997).

- Nutzen Sie beim Gestalten häufig Querformate. Beim Auflegen der Folie entfällt dadurch das Hochschieben der Folie. Bei Hochformatfolien sollten Sie nur die oberen zwei Drittel der Folienfläche nutzen.

- Rechnen Sie an allen vier Seiten Ihrer Folie einen Rand von mindestens zwei Zentimetern ein.

- Erstellen Sie Ihre Folien nach der KISS-Regel. KISS steht für den Grundsatz **k**eep **i**t **s**imple and **s**tupid. Ihr Folientext sollte nur die wichtigsten Aspekte in möglichst einfacher und verständlicher Form enthalten. Trennen Sie sich von Nebensächlichem. Sie unterstützen mit Ihrer Folie Ihre Aussagen! Ungünstig wäre, wenn Sie zusätzliche Zeit aufwenden müssten, um Ihre Folie zu erklären.

- Wahren Sie die Übersicht auf Ihrer Folie. Gliedern Sie nach Sinnzusammenhängen, nutzen Sie zur Strukturierung auch graphische Elemente wie Tabellen, Rahmen und Spiegelstriche oder Punktaufzählungen.

- Heben Sie Titel und Überschriften deutlich hervor.

- Beschriften Sie die Folie nicht mit mehr als sieben Zeilen. Pro Zeile sollten Sie ungefähr sechs Wörter verwenden.

- Verwenden Sie nicht mehr als zwei Schriftarten auf einer Folie. Bei Beamerpräsentation sollten Sie maximal zwei Effekte pro Folie verwenden.

✳ Achten Sie auf eine optimale Schriftgröße. Die nötige Schriftgröße hängt vom Abstand zur Projektionsfläche ab. Nach Will (1997) gilt hier folgende Faustregel:

✳ Bis 10 Meter Entfernung: 5 mm Schrift (Schriftgröße 20pt),

✳ 11 bis 15 Meter Entfernung: 10 mm Schrift (Schriftgröße 40pt),

✳ 16 bis 20 Meter Entfernung: 15 mm Schrift (Schriftgröße 60pt),

✳ 21 bis 25 Meter Entfernung: 20 mm Schrift (Schriftgröße 80pt).

✳ Lassen Sie Farben sprechen. Farbfolien mittels PC zu erstellen, ist heute relativ einfach. Nutzen Sie die bereits besprochenen Erkenntnisse der Farbwirkung und setzen sie optische Farbtupfer.

✳ Bereiten Sie mit Bildern eine optische Freude. Reine Textfolien wirken auf Dauer trocken. Sie lockern Ihre Folien auf, indem Sie gelegentlich Diagramme, Tabellen, Bilder oder Graphiken verwenden.

Tipps rund um Folien:

✳ Kopierfolien können Sie im Schreibwarengeschäft erwerben. Mit einem Drucker wird die am PC erstellte Folie direkt bedruckt. Es gibt unterschiedliche Folien für Tintenstrahl- oder Laserdrucker. Die Kopierfolien sind natürlich kopierfähig, das heißt, Sie können bei Bedarf Ihre Folie für die TeilnehmerInnen kopieren und als Handout reichen.

✳ Beachten Sie, dass sogenannte Weichfolien, die ausschließlich mit Folienstiften beschriftet werden können, nicht für den Drucker geeignet sind.

✳ Ihre Folien können Sie in Klarsichthüllen aufbewahren. Sie können Ihre Folie zusammen mit der Hülle auf den Projektor legen, dies beeinträchtigt die Bildqualität nicht. Im Handel gibt es auch vorgerahmte Folien, an denen seitlich ein weißer vorgelochter Streifen angebracht ist.

✳ Eine Packung wasserfester farbiger Folienstifte mittlerer Stichstärke und einige Blankofolien sollten Sie bei einer Präsentation immer bei sich haben. So sind Sie jederzeit in der Lage, interessante Aspekte aus der Gruppe aufzugreifen und rasch in eine Folie umzusetzen. Sollten Sie einmal eine wichtige Folie vergessen haben, können Sie diese unter Umständen ersatzweise auch von Hand anfertigen.

Die nachfolgenden Beispiele zeigen, welch unterschiedliche Folien im Kindertagesstättenbereich eingesetzt werden können:

Folienbeispiel zu Qualitätsmanagement in Kindertagesstätten

Den Herausforderungen begegnen –
Qualitätsmanagement
als Chance für unsere Kindertagesstätte

bisher:
- Qualität ist Einhalten der gesetzlichen Bestimmungen

künftig:
- Qualität als wichtiges Argument im Wettbewerb
- Kundengewinnung und -bindung durch Qualität

Folienbeispiel mit Diagramm zur Altersverteilung

Wie ist die Altersmischung in unserer Kindertagesstätte?

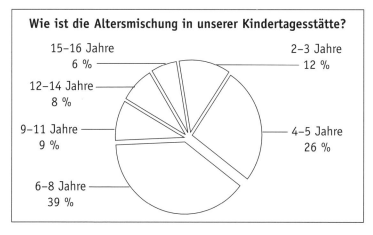

15–16 Jahre 6 %
12–14 Jahre 8 %
9–11 Jahre 9 %
6–8 Jahre 39 %
2–3 Jahre 12 %
4–5 Jahre 26 %

Folienbeispiel mit Bild als Einstieg, Schluss oder Motto zu verwenden

Wer heute den Kopf in den Sand steckt,
knirscht morgen mit den Zähnen

Overlay- und Enthüllungstechnik

Wenn Sie Ihren Zuhörer/-innen mit Ihren Folien eine besondere Freude bereiten wollen, probieren Sie die Overlay- und die Enthüllungstechnik aus (Will 1997).

✳ Bei der Enthüllungstechnik verdecken Sie mit einem Blatt Papier einen Teil der Folie. So sorgen Sie dafür, dass immer nur der zentrale Aspekt beachtet wird, den Sie im Moment ansprechen. Gleichzeitig erzeugen Sie bei der Gruppe Spannung auf die noch abgedeckten Inhalte.

✳ Die Overlaytechnik ist der Vorläufer der computeranimierten Präsentationen, bei denen mittels Laptop Bildfolgen nacheinander an die Wand gebeamt werden.

Wenn Sie mit Overlaytechnik arbeiten, entwerfen Sie mehrere Folien, die sich inhaltlich oder graphisch immer weiter ergänzen. Dabei erläutern Sie eine Folie, legen dann die ergänzende Folie direkt über die erste und beziehen sich wieder auf die Erklärungen dazu. Wenn Sie möchten, können Sie schließlich noch eine weitere Folie ergänzend darüber legen.

Folien in Overlaytechnik: erster, zweiter und dritter Schritt

Personalmanagement in Kindertagesstätten

- Personalentwicklung

- Personalorganisation und -führung

Personalmanagement in Kindertagesstätten

- Personalentwicklung
  - Motivation
  - Fördergespräche
  - Anreizsysteme
- Personalorganisation und -führung

Personalmanagement in Kindertagesstätten

- Personalentwicklung
  - Motivation
  - Fördergespräche
  - Anreizsysteme
- Personalorganisation und -führung
  - Dienstpläne
  - Urlaub und Überstunden
  - Zielvereinbarungen
  - Schriftliche Beschlüsse

Wirkungsvolle Plakatgestaltung

Wenn Sie für Ihre Visualisierung Plakate gestalten, unterscheiden Sie zunächst zwischen Flipchart- und Infoplakaten.

Flipchart-Plakate

Für die Gestaltung von Flipchartplakaten gelten folgende Grundsätze (Ditko/Eick/Mühlnickel 1999, Will 1997):

- Beschriften Sie das Flipchart mit einem Filzstift, der eine abgeschrägte Spitze hat. Halten Sie die Spitze des Stifts nach links oben. Schreiben Sie mit der breiten Seite, ohne den Stift beim Schreiben zu drehen.
- Schreiben Sie über zwei Kästchen des karierten Papiers. Mindestgröße für die Buchstaben sind 5 Zentimeter.
- Schreiben Sie deutlich und in Druckschrift mit Groß- und Kleinbuchstaben. Ausschließlich Großbuchstaben gelten als nicht lesefreundlich, da das Auge länger braucht, sie zu erfassen.
- Heben Sie Überschriften farbig hervor.
- Zeichnen oder nutzen Sie Symbole zum Auflockern des Textes.
- Verwenden Sie Worte oder Stichpunkte. Fassen Sie sich kurz.
- Arbeiten Sie übersichtlich. Überlasten Sie die Seiten nicht, fünf bis sieben Punkte oder Thesen pro Seite sind genug.

Gerade das Flipchart bietet unzählige Möglichkeiten, Liveplakate während Ihrer Präsentation entstehen zu lassen. Sie können Fragen der Gruppe visualisieren oder zentrale Aspekte aufgreifen und nochmals inhaltlich – vielleicht mit einem kleinen Schaubild – verdeutlichen. Weiterführende Ideen der Gruppe lassen sich ebenso schriftlich während der Präsentation festhalten wie Diskussionsbeiträge und kritische Bemerkungen.
Ein Mindmap als Projektplanung kann mit einer Kleingruppe sehr konstruktiv als Flipchartplakat live entwickelt werden.

Info-Plakate

Infoplakate können Sie nach der Moderationsmethode mit so genanntem Moderationsmaterial sehr ansprechend gestalten. Solche Infoplakate sind für Gruppen bis 30 Personen gut geeignet. Als

Moderationsmaterialien stehen Ihnen Karten in den Farben orange, grün, gelb, blau und weiß für Ihr Infoplakat in verschiedenen Formen zur Verfügung:
- Wolken für Themen und Überschriften
- Streifen für Überschriften und zentrale Aspekte
- Rechtecke
- Kreise
- Ovale
- Klebepunkte für Stimmungsbilder oder Punktwertungen

Aus diesen Materialien stellen Sie eine für Ihre Präsentation geeignete Anordnung her. Sie beschriften die Karten mit Worten, Stichpunkten oder Halbsätzen. Für das Beschriften nehmen Sie ebenso wie beim Flipchartplakat den dicken Filzstift mit abgeschrägter Spitze.

Tipps zur Erstellung von Infoplakaten (Paschen 2000):
- ✳ Wahren Sie eine erkennbare Struktur.
- ✳ Verwenden Sie Überschriften, Unterpunkte, Blöcke nach Sinnzusammenhängen.
- ✳ Schreiben Sie deutlich in großen und kleinen Druckbuchstaben.
- ✳ Schreiben Sie pro Karte nicht mehr als sieben Worte.
- ✳ Nutzen Sie die fünf vorhandenen Kartenfarben.
- ✳ Verwenden Sie verschiedene Kartenformen.
- ✳ Bedenken Sie auch hier wieder: Ihr Infoplakat muss durch klare Optik und schlüssige Formulierungen bestechen. Verwenden Sie Formen und Farben, um Zusammenhänge deutlich zu machen. Verwirren Sie jedoch nicht durch bunte Karten in unterschiedlichsten Formen.
- ✳ Entwerfen Sie Ihr Infoplakat grob auf einem DIN A4-Blatt im Querformat. Übertragen Sie dann Ihre Texte auf die Karten. Pinnen Sie die Karten erst mit Pinnnadeln fest und kleben Sie sie erst zum Schluss auf das Packpapier, mit dem die Pinnwand bespannt ist.
- ✳ Das Packpapier können Sie später abnehmen und zusammenrollen. So haben Sie ein transportables und jederzeit wiederverwendbares Infoplakat.

* Auch als Instrument zur Beteiligung von Gruppen sind die Infoposter der Moderationsmethode sehr gut geeignet.

Natürlich ist Ihrer Fantasie bei der Gestaltung von Infoplakaten keine Grenze gesetzt. Sie können anstelle der Moderationsmaterialien auch farbiges Papier oder dünne Kartonstreifen zum Beschriften verwenden ebenso wie graphische Elemente, Fotos, Bilder und Cartoons zur optischen Unterstützung.

Spartipp:

* Wenn Sie in Ihrer Kindertagesstätte über keine Moderationswände verfügen, können Sie auch den Bogen mit Packpapier auf den Boden legen, Ihre beschrifteten Karten anordnen und festkleben. Das fertige Infoplakat hängen Sie dann an einer Wand auf. Genauso können Sie mit Liveplakaten verfahren, die Sie in Gruppenarbeit entwickeln. Ordnen Sie die Karten, legen und kleben Sie sie auf. Fertig ist Ihr Live-Infoplakat.
* Sind die Originalmoderationskarten für Ihre Einrichtung nicht erschwinglich, wenden Sie sich mit den Maßen der Streifen und Rechtecke an eine Papierfabrik oder Druckerei. Dort scheidet man Ihnen die benötigten Streifen und Rechtecke zu; meist sind sogar dem Originalmaterial sehr ähnliche Farben erhältlich. Papierfabriken erwarten allerdings häufig hohe Abnahmezahlen. Da die Preise gegenüber dem originalen Moderationsmaterial recht günstig sind, ist zu überlegen, einen Vorrat anzulegen oder sich mit bekannten Einrichtungen zusammenzutun, um eine Sammelbestellung aufzugeben.

Die folgenden Abbildungen zeigen einige Möglichkeiten der Infoplakatgestaltung mit Moderationsmaterial.

**Infoplakat zum Thema Qualität
mit Elementen des Moderationsmaterials**

Die Abbildung auf der nächsten Seite zeigt beispielhaft die Beteiligung des Teams bei der einrichtungsinternen Jahresplanung der Fortbildung. Das Infoplakat enthält auf der linken Seite die verschiedenen für die Fortbildung bedeutsamen Bereiche. Im Rahmen der Präsentation werden diese Bereiche dargestellt und ihre Bedeutung für die Weiterentwicklung der Einrichtung erläutert. Im nächsten Schritt urteilt jedes Teammitglied der Einrichtung, indem es Punkte für die seiner Meinung nach relevantesten Fortbildungsbereiche verteilt.

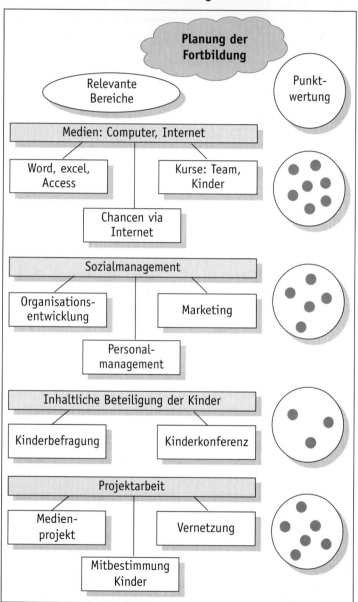

Übersichtliche Handouts vorbereiten

Das Handout ist eine Handreichung, die Sie Ihrer Gruppe an die Hand geben. In der Regel besteht ein Handout aus ein oder mehreren DIN A4-Seiten, auf denen wichtige inhaltliche Aspekte einer Präsentation verankert sind.

Grundsätze bei der Gestaltung von Handouts:

- ✷ Achten Sie darauf, dass Ihre Handouts übersichtlich gegliedert sind. Seitenlange Fließtexte sind für Handouts nicht geeignet.
- ✷ Legen Sie Wert auf eine augenfreundliche Schriftgröße. Sie sollten mindestens Schriftgröße 12 pt verwenden.
- ✷ Peppen Sie Ihre Handouts auf! Farbkopien sind zwar etwas teurer, jedoch sehr einprägsam und lesefreundlich. Wenn Sie aus Kostengründen auf farbige Handouts verzichten müssen, denken Sie beim Gestalten an optische Unterstützung durch Bilder, Graphiken, Cartoons oder Diagramme.
- ✷ Wenn sich Ihre Handouts über mehrere Seiten erstrecken, entwerfen Sie eine Gliederung und nummerieren Sie die Seiten des Handouts. So wird Suchen und stetiges Nachfragen der Gruppe zumindest vermindert.
- ✷ Lassen Sie auf dem Handout Platz für eigene Notizen der Teilnehmer/-innen.
- ✷ Ist Ihr Handout umfangreich, sollten Sie es mit Heftstreifen versehen oder in Mappen eingeordnet verteilten.
- ✷ Bedenken Sie bereits bei der Erstellung Ihres Handouts, zu welchem Zeitpunkt Ihrer Präsentation Sie es austeilen wollen.
- ✷ Teilen Sie es *vorher* aus, wird die Gruppe bei mehrseitigen Handouts immer wieder blättern und lesen. Gleichzeitig können Sie jedoch gezielt auf wichtige Stellen verweisen und die Gruppe zum Mitlesen animieren.
- ✷ Wird das Handout *während* der Präsentation ausgeteilt, entsteht Unruhe, bis alle Teilnehmer/-innen die Unterlagen erhalten haben. Legen Sie deshalb während des Austeilens in jedem Fall eine Sprechpause ein.
- ✷ Verteilen Sie die Handreichung erst *nach* Ihrer Rede, entfallen die Störungen und Ablenkungen, die durch das Austeilen und Blättern verursacht werden. Allerdings nehmen Sie der Gruppe

auch die Chance, wichtige Aspekte in Händen zu halten und mitzulesen.

- ✲ Gelegentlich kann auch eine Folie als Kopiervorlage für ein Handout genutzt werden.
- ✲ Das Handout sollte sich immer auf zentrale Aspekte Ihrer Präsentation beziehen. Nehmen Sie inhaltlich keine darüber hinausgehenden Punkte auf Ihrem Handout auf. Dies würde die Teilnehmer/-innen verwirren.

Zu guter Letzt: Präsentieren ist mehr als nur Reden

*Es genügt nicht, zur Sache zu reden,
man muss zu den Menschen reden.*
Stanislaw Lec

Eigentlich reicht es völlig, wenn Sie sich den Leitsatz dieses Buches im Gedächtnis bewahren. Denn er beinhaltet treffend in einem Satz, was Ihnen das ganze Buch vermitteln will. Wenn Sie in Zukunft zu Menschen sprechen, werden Sie dies mit Überzeugung, Engagement, Begeisterung und mit „Herzblut" tun.

Drei zentrale Fragen helfen Ihnen dabei, erfolgreich zu präsentieren und vorzutragen:

- ✱ Sie werden nun die Planung jeder Ihrer Präsentationen mit der Frage beginnen: „Was haben meine Zuhörer/-innen davon?"
- ✱ Daran anschließen wird sich die Frage: „Wie kann ich meiner Gruppe das Aufnehmen und Verarbeiten der Informationen erleichtern und die Teilnahme insgesamt so angenehm wie möglich gestalten?
- ✱ Und: „Wie und wodurch kann ich mich weiter verbessern?" lautet die Frage, die Sie sich und anderen nach Ihrer Rede, Ihrem Vortrag oder Ihrer Präsentation stellen werden.

Natürlich, ein bisschen Mut gehört zum Präsentieren und Vortragen immer dazu. Doch mit jeder Präsentation verbessern Sie sich und lernen hinzu. Das Buch hat Ihnen Grundkenntnisse vermittelt, nun liegt es an Ihnen, sie in Ihrem Arbeitsfeld anzuwenden, auszuprobieren, zu üben und sich das spannende Gebiet „präsentieren und vortragen" erfolgreich zu erschließen.

Literatur

Buzan, T., Buzan B. (1996): Das Mind-Map-Buch, Landsberg. Moderne Industrie

Ditko, P.H.; Eick, G.; Mühlnickel, I. (1999): Erfolgreich repräsentieren; Reihe: Recht, Wirtschaft, Finanzen: Kommunikation. Stuttgart. DS-Verlag

Gelb, M. J. (1998): Sich selbst präsentieren, Offenbach. Gabal

Gröschel, U.C. (1994): Reden vorbereiten, Reden halten, Köln. Bund-Verlag

Hartje, W (1982): Funktionelle Spezialisierung der Großhirnhemisphären, in: Poek, K: Klinische Neuropsychologie. Stuttgart. Thieme Verlag

Kolb, K., Miltner, F. (1998): Kreativität. München. Gräfe und Unzer

Kratz, H. J. (1989): Rhetorik – Schlüssel zum Erfolg. Wiesbaden. Modul Verlag

Langer, I., Schulz von Thun F., Tausch, R. (1981): Sich verständlich ausdrücken. München. Reinhardt

Lodes, H. (1991): Atme richtig. München. Goldmann

Motamadi, S. (1993): Rede und Vortrag. Weinheim. Beltz

Müller-Schwarz, U., Weyer, B. (1991): Präsentationstechnik. Wiesbaden. Gabler

Murch, G. M., Woodworth G. L. (1978): Wahrnehmung, Standards Psychologie. Stuttgart. Kohlhammer

Paschen, W. (2000): Unveröffentlichtes Manuskript. Fachhochschule Lüneburg

Pink, R. (1997): Kommunikation ist mehr als nur reden; Reihe Recht, Wirtschaft, Finanzen: Kommunikation. Stuttgart. DS-Verlag

Pink, R. (1996): Wege aus der Routine, Kreativitätstechniken für Beruf und Alltag; Reihe Recht, Wirtschaft, Finanzen: Kommunikation. Stuttgart. DS-Verlag

Ruhleder, R. H. (1998): Vortragen und Präsentieren. Würzburg. Max Schimmel Verlag

Schneider, L. (1996): Die große Farbberatung. München. Cormoran

Will, H. (1997): Vortrag und Präsentation. Weinheim. Beltz

Watzlawick, P. (1975): Menschliche Kommunikation, Formen, Störungen, Paradoxien. München. Piper

Cliparts (S. 98, S. 99): MSP Michael Steffens Personalentwicklung: 1100 Illustrationen für Ihre erfolgreiche Präsentation

Notizen

Notizen

Profilentwicklung und Angebotserweiterung in der Kindertageseinrichtung

Reihe: Kindertageseinrichtungen konkret – Strategien für Ihren Erfolg; hrsg. von Frank Jansen

Bruno Bongard / Franz Schwarzkopf

Viele Ideen – ein Profil

Methoden der Leitbildentwicklung und Zielbestimmung für engagierte Teams

104 Seiten, Schaubilder, kartoniert

ISBN 3-7698-1238-7

Die Frage nach dem Selbstverständnis der eigenen Einrichtung beschäftigt viele Teams. Die Autoren zeigen konkrete Schritte auf, wie Kindergartenteams gemeinsam Visionen entwickeln und ein Leitbild konzipieren können, um auf dieser Basis Ziele für die pädagogische Praxis festzulegen.

Peter Erath / Claudia Amberger

Vom Kindergarten zum Kinderhaus

Bedarfsgerechte Weiterentwicklung in acht Schritten

88 Seiten, Schaubilder, kartoniert

ISBN 3-7698-1237-9

Das Kinderhaus-Konzept als neue Organisationsform ist eine Antwort auf veränderte Bedarfslagen und steht als Synonym für Angebotserweiterung und für die Öffnung der Kindertagesstätten für neue Zielgruppen. Die Autoren erläutern, wie dieses zukunftsweisende Konzept Schritt für Schritt in die Realität umgesetzt werden kann.

Sponsored by ...

Christa Zeller

Sozial-Sponsoring

Gewinnbringende Zusammenarbeit zwischen Kitas und Unternehmen

112 Seiten, Schaubilder, kartoniert

ISBN 3-7698-1239-5

Wenn es an Ideen nicht fehlt, jedoch an den Mitteln, sie zu verwirklichen, hilft oft die Partnerschaft mit Wirtschaftsunternehmen weiter. Christa Zeller informiert über die rechtlichen und steuerlichen Grundlagen von Sponsorships und entfaltet ein Konzept zur Umsetzung von Sponsoring-Aktionen mit Tipps zu Sponsorensuche, Vertragsgestaltung und begleitender Öffentlichkeitsarbeit.

Damit das Praktikum gelingt

Hermann-Josef Schlicht

Das Praktikum in der Ausbildung

Tipps und Hilfen für angehende Erzieherinnen

112 Seiten, kartoniert

ISBN 3-7698-1295-6

Dieser Leitfaden unterstützt angehende Erzieherinnen bei der Wahl der Praktikumsstelle und gibt Tipps zur Erkundung des Arbeitsplatzes, zur Zusammenarbeit mit Kindern, Kolleginnen und der Praktikumsanleiterin. Viele praktische Übungen helfen Praktikantinnen bei den ersten beruflichen Gehversuchen im pädagogischen Alltag.